本成果受到中国人民大学“211工程”
媒介融合与国家公共传播教学科研创新平台的支持

PUBLIC DIPLOMACY AND
COMMUNICATION
BETWEEN CULTURES

赵启正／著

公共外交
与跨文化交流

中国人民大学出版社
·北京·

图书在版编目（CIP）数据

公共外交与跨文化交流/赵启正著. —北京：中国人民大学出版社，2011
ISBN 978-7-300-13384-3

Ⅰ.①公… Ⅱ.①赵… Ⅲ.①外交理论-研究②文化交流-研究 Ⅳ.①D80②G115

中国版本图书馆 CIP 数据核字（2011）第 023410 号

公共外交与跨文化交流
赵启正　著
Gonggong Waijiao yu Kuawenhua Jiaoliu

出版发行	中国人民大学出版社		
社　　址	北京中关村大街 31 号	**邮政编码**	100080
电　　话	010－62511242（总编室）		010－62511398（质管部）
	010－82501766（邮购部）		010－62514148（门市部）
	010－62515195（发行公司）		010－62515275（盗版举报）
网　　址	http://www.crup.com.cn		
	http://www.ttrnet.com(人大教研网)		
经　　销	新华书店		
印　　刷	北京宏伟双华印刷有限公司		
规　　格	170 mm×240 mm　16 开本	**版　　次**	2011 年 3 月第 1 版
印　　张	14.5 插页 1	**印　　次**	2011 年 3 月第 2 次印刷
字　　数	160 000	**定　　价**	38.00 元

序 言

在全球化时代，公共外交和政府外交构成了国家的整体外交。参与公共外交的各方从不同角度向外国公众表达本国国情，说明本国政策，解释外国对本国的不解之处，同时在国际交流中了解对方的有关观点。开展公共外交的目的是改善外国公众对本国的态度，进而影响外国政府对本国的政策。公共外交的行为主体包括政府、民间组织、社会团体、社会精英和广大公众等多个层面，其中，政府是主导，民间组织、社会团体、社会精英是中坚，广大公众是基础。

早期的公共外交是由政府对外国公众进行的一种宣传活动，后来发展到更为丰富的形式，如：由政府支持的学者交流计划和本国语言的推广活动等等。随着国际旅游费用的下降，各国民众间的直接交往日益频繁；随着经济全球化、国际政治多极化趋势与公众的切身利益关联更为密切，现代公众对于国际事务和本国外交政策的关注度逐渐提高；而以互联网为代表的新媒体赋予公众参与外交事务的广泛的发言权，公众的话语影响力空前增强，当代的公众不再只是公共外交的“受众”，同时也成为积极参与公共外交的“主体”。一国公众不仅可以和他国公众直接交流，而且也可能和他国的政府成员交流。这使得公共外交呈现出新的面貌，其内容和方式更加丰富，也更加复杂。

改革开放30余年来，社会经济的高速发展使中国由世界舞台的边缘走到中心。较之从前，国际形势对中国发展的影响越来越明显，或有助力或有遏制作用；反之，中国的事情往往也为世界所瞩目。有中国特色的社会主义道路既不同于欧美的资本主义道路，又不同于苏联的社会主义道路，世界对中国的理解尚需时日。加之冷战残余意识形态的隔阂，影响了西方政治力量和媒体对中国的正确观察，以致在国际舆论场域中国的形象与中国的实际严重不符。这些背景赋予开拓中国公共外交事业以强烈的迫切性和重要性。

中国的公共外交是本着求同存异的和谐理念，以促进国与国之间相互了解为目标的、对外友好交流的活动，与有的国家在公共外交中以打压他国的手段来推销自己的价值观和干涉他国内政的做法有着本质的区别。

我自1991年起担任上海市副市长，分管过浦东开发、外事、外贸等方面的工作；1998年开始担任中国国务院新闻办公室主任，这个机构的责任是向世界说明中国——她的文化、国情和政策；现在我担任全国政协外事委员会主任，这个委员会的主要任务就是开展对外友好工作。这几种工作都介入了公共外交领域。本书的上编“理念篇”的思想内容大多基于我所经历的相关公共外交活动的个人经验和感悟，而下编“实践篇”则是我在公共外交活动中的一些案例。我认为，公共外交重在实践，其道理本来明白易懂，对多数实践者而言，也许无需过多追求“学术化”，那反而会限制了实践中的创新。

公共外交的大多活动具有跨文化的属性，本书对参与公共外交活动者可能涉及的跨文化问题也做了适当阐述。责任编辑李学伟建议将此书定名为《公共外交与跨文化交流》。

本书最初由中国人民大学新闻学院胡百精副教授倡议，他组织了我的5位博士生，收集了我自1998年以来的演讲、与外宾对话的记录和媒体的报道，摘录了我已出版的著作，进行了分类，归纳为十余章，构成了本书最初的基础。由于所选的原始资料跨越了十余年之久，演讲和对话的时代背景、场合和对象都有所不同，于是我以此为基础进行了重新写作，最终成书。胡百精副教授，张东、强明、王更喜、戴盈、张庆园等五位博士生，正在南开大学做博士后的梁婷婷和我一起对书稿的主要观点进行了多次讨论，并校阅过程稿，本书的“实践篇”也是由博士生们选定的。忘年相处，相互启迪的成书过程令我十分愉快。

我还要特别感谢国际译联副主席、中国翻译协会副会长兼秘书长黄友义先生，孔子学院总部总干事许琳女士，中国人民外交学会秘书长黄星原先生，国务院新闻办公室出版局副局长吴伟女士以及冯春海老师和刘永鑫先生，他们提供的资料和见解在本书中都有体现。

这样一本比较简明的书前后竟用了三年之久，希望它的出版能对我国公共外交事业多少有所助力。我深知随着我国公共外交的蓬勃发展，这本书会显现越来越多的不足之处。我静候读者指正。

赵启正
2011年3月

目　录

上　理念篇

下　实践篇

上 理念篇

公共外交与跨文化交流

第一章

中国进入公共外交时代

新中国诞生 60 多年来，尤其是近 30 年，随着国家实力的不断提升，在世界舞台上扮演着越来越重要的角色。此过程中，中国外交事业获得了令国人自豪的辉煌成果，也面临着新的任务和挑战。无论从中国发展的内外部环境，还是对世界的影响来说，中国加强公共外交都是必然的选择。

参与公共外交的各方从各种角度表达本国国情，说明国家政策，展现本国文化，其实质就是通过信息的沟通和交流获得国际社会对本国的理解和支持。

一、从民间外交到公共外交

公共外交（Public Diplomacy，又译作“公众外交”）包括了我们熟悉的“民间外交”，但比民间外交的内涵更为丰富。从民间外交到公共外交，是时代背景和国际环境变化的要求，也是国家跨文化传播能力逐渐成熟的结果。

（一）什么是公共外交

政府外交和公共外交共同构成国家的整体外交。政府外交是国家领导人之间的公务交往和对外代表国家主权的外交部（有些专门问题可能由政府有关部门和为某项事务进行谈判的政府代表团等出面）与外国政府相应部门的交往，交往的内容极其广泛，但都是在宪法和法律允许的职权范围内代表国家进行的对外交往活动，都涉及双边或多边利益。国家领袖的对外活动是代表国家的政府外交的最高形式。就外交成果的形式而言，外交部代表国家对外表态、交涉和谈判，重大的外交成果可能是双边或多边的条约、协定、公报等。

公共外交与政府外交的最大差异在于：其参与者不能代表国家处理外交事务，也正是因为如此，公共外交可以更为宽松、生动和灵活地采取多种形式在多种场合发出声音，讲述本国的“故事”。

公共外交的概念可以这样概括：

公共外交和政府外交组成国家的整体外交。参与公共外交的各方从各种角度向外国公众表达本国国情，说明本国政策，解释外国对本国的不解之处，并同时在国际交流中了解对方的有关观点。开展公共外交的目的是提升本国的形象，改善外国公众对本国的态度，进而影响外国政府对本国的政策。公共外交的行为主体包括政府、民间组织、社会团体、社会精英和广大公众等多个层面。其中，政府是主导，民间组织、社会团体和社会精英是中坚，广大公众是基础。

> 公共外交的行为主体包括政府、民间组织、社会团体、社会精英和广大公众等多个层面。其中，政府是主导，民间组织、社会团体和社会精英是中坚，广大公众是基础。

公共外交过程中，参与各方通过多种方式向外国公众或政府多角度地表达本国国情，并了解对方的有关观点，使得交流更直接、更广泛，更有效地表达本国的真实形象，从而起到增强本国的文化吸引力和政治影响力，改善国际舆论环境，维护国家利益的作用。

简言之，中国公共外交的基本任务是向世界说明中国，促进外国公众认识真实的中国——包括中国的文化传统、社会发展、经济状况、政治体制和对内、对外政策等等。

可以用图 1—1 更加精细地描述公共外交的范畴及其与政府外交的关系。

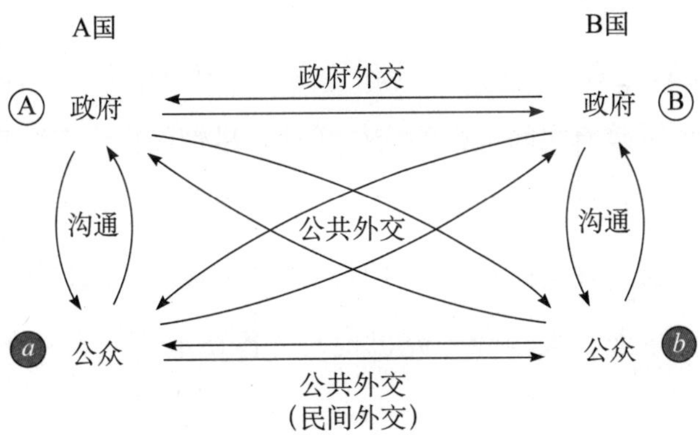

图 1—1　公共外交的范畴及其与政府外交的关系

图 1—1 表明："公共外交"指的是"政府外交"以外的各种对外交流方式，包括了官方与民间的各种双向交流。这些交流的目的是直接促

进外国公众对本国的了解，提升本国在其心目中的形象，进而促成外国政府对本国政策的改善。这里的“公众”既包括非政府部门的机构和组织，如媒体、大学、研究所、智囊机构、各种民间组织和非政府组织（NGO）、非营利组织（NPO）等[①]，也涵盖了各方面的精英人物（如社会活动家、学者、宗教领袖、演艺界人士等）和广大公众。

对图 1—1 中箭头所示的几种交往维度，分别解释如下：

“一国政府→他国公众”（如图中 A 国政府 ⇄ B 国公众）：指的是传统意义上的公共外交基本形式，至今这仍然是最主要的形式，包括政府通过大众传媒进行的公共外交和各种在政府支持下进行的面向国外公众的教育、文化交往活动等。如“美国之音”（VOA）[②]、英国广播公司（BBC）、《中国日报》（*China Daily*）海外版、中国国际广播电台（CRI）和中国中央电视台（CCTV）面向海外受众的节目以及中国外文出版局（副部级的政府机构）用多种语言出版的杂志等，都是此类公共外交典型的信息载体。

“一国公众→他国政府”（如图中 A 国公众 ⇄ B 国政府）：指的是一国公众与他国政府之间进行的交往活动，尽管以往许多国家的学者并不将其明确规定在公共外交的范畴之内，但事实上，这种交流形式多年来一直存在于公共外交体系中，并且越来越呈现增加的趋势。比如在民间团体、大型企业、大学和研究机构对外国政府有关部门的访问过程

---

① 在中国被称为“非营利性民间组织”。据《2010 年民政工作报告（摘要）》，截至 2010 年 9 月，中国目前已有 43.5 万多个登记注册社会组织（包括非政府组织、非营利组织、民间组织），其中既有学会、商会、行业协会等社会团体，也有民办非企业单位。

② 据美国《华盛顿时报》网站报道，美国广播理事会提交的 2012 年财政预算方案显示，“美国之音”计划自 2011 年 10 月 1 日起全面停播中文短波和卫星电视广播节目。“美国之音”中文网 2011 年 2 月 16 日报道称，“美国之音”中文广播停播计划“标志着美对华传播正全面进入网络时代”。

中，交流相关方面的国情和政策是不可或缺的内容，而这些内容也影响着他国政府对本国的认知和评价。

"一国公众→他国公众"（如图中 a 公众 ⇄ 公众 b）：指的是一国公众对他国公众的国际交往活动，在中国被称为"人民外交"或"民间外交"。中国一向非常重视政府外交与民间外交的结合，1949 年新中国一成立，政府外交和民间外交就几乎同时开始了运行。1957 年，周恩来总理曾经对中国的整体外交有过界定，即"中国的外交是官方的、半官方的和民间的三者结合起来的外交"，实质上，这其中就包含了对公共外交的高度概括。民间外交形式多样，包括了友好城市的交流，文化团体的互访等丰富多彩的内容。我国的民间外交在各历史时期都发挥了不可替代的重要作用，比如在 1972 年中日建交之前，中日的民间外交对于中日新闻、贸易的往来，中日间政治信息的传递，以及为建交的准备等诸多方面都做出了重要贡献。随着中国在世界舞台重要性的提高，中国的民间外交也正处于更加蓬勃的发展态势，并且还增加了许多崭新的内容。

图 1—1 中双向垂直方向箭头显示的"本国政府和本国公众之间的沟通和相互影响"，一般并不包括在公共外交的范畴之内[①]，但是却与公共外交整体密切相关。对于一国政府而言，处理与本国公众之间的关系就好像是政府在国内的公共关系活动，国内公众是政府进行国家管理的相关公众，政府和本国公众关于国情和政策经常性的沟通是扩大本国公共外交力量、提升公共外交质量必不可少的基础和条件。公众，尤其是有机会参与国际交往的民众，只有充分了解国际形势和本国的国情、外交政策，

---

① 我在 2010 年 6 月访问马来西亚和印度尼西亚时得知，这两个国家将公共外交界定为本国政府对本国民众的关于外交政策的沟通。

才能有效地参与到公共外交中来，并发挥积极的作用。在中国公共外交的发展中，政府与本国公众的沟通十分密切。为推动政府与公众之间的沟通，让公众更为全面地了解国家的外交政策，中国外交部设置了专门性公共外交部门，组织经常性的新闻发布会，建立了与主流媒体的定期交流机制，还举办"公众开放日"活动与社会各界公众面对面交流，并邀请现职和已经退职的外交官进行公共演说和在各种媒体上发表言论等等。而在公众向政府的沟通方面，除了大学、研究所和其他智囊机构经常向政府提供形势分析和建议外，大众媒体表达的民意信息，包括广大网民对国际形势的评议等都对中国的外交决策、政策制定有参考价值。

从图 1—1 可以清楚地看到，在公共外交系统中，无论是政府还是公众，任何一个行为主体都有三个可能的交往方向，并且每两个交往主体之间都是双向互动的关系，以此为基础，可以形成公共外交中各主体之间的多种连锁传递关系。

到目前为止，关于公共外交还没有一个国际公认的定义，许多国家的政府或学者都曾对之进行过界定。如：美国政府 1987 年对公共外交的界定是"由政府发起交流项目，利用电台等信息传播手段，了解、获悉和影响其他国家的舆论，减少其他国家政府和民众对美国产生的错误观念，提高美国在国外公众中的形象和影响，进而增加美国国家利益的活动"[①]。其中明确了公共外交是由政府发起的[②]，并将外国政府也看作

① 美国国务院《国际关系术语词典》(U. S Department of State，*Dictionary of International Relations Terms*)，85 页，1987。

② 在 2010 年 9 月，我与美国参议院外交关系委员会的公共外交问题专家保罗·福迪（Paul Foldi）就公共外交的专题交流时得知，在美国，只有获得美国政府经费的对外国公众的项目才算公共外交的范畴。

是公共外交的对象。而日本有学者认为，公共外交是在国际社会提高本国的存在感，为提升本国形象，加深外界对本国理解，以对象国国民而非政府为对象去做工作的外交活动。包括政策的发布、文化交流（人文交流、文化艺术交流以及人员交流等）、对外广播等活动等。[①] 这里的公共外交对象只局限在了外国公众。

虽然不同国家、不同学者对公共外交的界定有所不同，但是有三点是共同的：由政府主导；以外国政府、外国公众为对象；以提高本国形象为目的。对公共外交的理解存在差异是合乎情理的，因为国家属性和国际环境不同，公共外交的具体目标就有差异，何况在不同国家，在不同时代，其范畴和重点总是变化的。综观各国的公共外交实践，不难发现，不同国家的公共外交的气度也有不同，有的大国可谓透着“霸气”、“唯我独尊”，甚至“打击别人，抬高自己”；有的重点突出，着重宣扬自己的特征符号。而中国则是以求同存异的精神，心平气和地说明自己的国情。

在经济全球化和信息化的时代，政府应当越加重视公众为国家总体外交和世界和谐与合作做贡献的潜力，从而应当支持公众参与公共外交的积极性。从这个意义上说，界定公共外交的范畴不妨宽泛些。可以认为，在国家交往活动中，只要是有公众参与的国际交往就属于公共外交的范畴，具体说来，其类型可以有“一国政府对他国公众”、“一国公众对他国政府”、“一国公众对他国公众”。

（二）公共外交的几种常见形式

在当今世界，随着经济全球化和世界多极化的发展，国际交往的参

① 参见［日］金子将史：《公共外交——“舆论时代”的外交战略》，北京，外语教学与研究出版社，2010。

与主体和参与方式的多元化是一大趋势，大量新的公共外交形式不断涌现，丰富了传统意义上的政府外交和民间外交内涵。比如：在官方或民间代表的外事访问过程中，常常既要和对方官方接触，又要和对方的民间组织或者个人接触，其形式有时是多边的和多元的；在“全球经济论坛”、“博鳌论坛”及世界银行的论坛等等各种国际性论坛中也是这样，与会者既有多国官方人士，又有多国民间机构和个人，可以提供的公共外交机会也是多样化的。

正是因为“公共外交”一词的外延过于宽泛，所以媒体在对之进行报道的时候往往按其活动内容、参与主体或属性冠以各种名称。如“体育外交”、“文化外交”、“议会外交”、“政党外交”、“媒体外交”、“网络外交”和“二轨外交”等等。这些公共外交活动中，一类是面对外国公众的活动；一类是面对小范围的外国人的活动，但是交流的内容是直接关系国家政策的，因此有的也部分具有政府外交的性质。此外，还有大量的国际学术会议、项目谈判等等，并不能归于公共外交活动的范畴，但是这些活动过程中，也间接表达了本国的某一方面的国情和政策，所以也带有公共外交的性质。以下对部分被冠以各种名称的属于公共外交的活动稍加解释：

“网络外交”：随着信息技术的应用和普及，以互联网为代表的新技术已成为国内和国际社会交往网络的基础之一。网络外交即指以互联网为平台开展的外交活动。如中国国际广播电台（CRI）主办的使用60余种语言的国际在线网站和新华社主办的中国新华新闻电视网（CNC）等。这是一种克服了无线电广播受传播距离影响的缺点，投资较少而效率较高的公共外交方式。[①]

“政党外交”：是指以政党为主体进行的国际交往活动，这种外交方式和政府外交并行，是加强各国政界相互了解的高层的政治活动。在中国，政党外交由中共中央对外联络部统筹。目前，中国共产党已与世界上 140 多个国家的 400 多个政党和组织建立了联系和往来，其中多数为执政党和参政党。

“二轨外交”：是相对政府外交而言的又一种高层的公共外交，这种外交讨论的内容一般包括彼此之间的外交政策和共同关心的世界问题等。二轨外交的参加者有退休官员、学者、社会活动家、非政府组织人士等。中国人民外交学会（以下简称“外交学会”）是引领中国二轨外交最重要的、最活跃的机构。二轨外交的双方都不代表官方，所以交流形式较直率、讨论较深入，其交流成果对本国政府的外交政策和实践具有参考作用。外交学会多年来连续举行过的活动包括“中美‘二轨’高层对话”、“中德对话论坛”、“中日关系论坛”、“中韩高层民间交流机制”和“中德战略关系研讨会”等等。这些对话机制就双边关系发展的重要和中长期问题展开讨论，并向两边政府提出政策建议，为民间关系的长期发展注入了新的活力。

（三）中国为何需要开展公共外交

改革开放三十多年来，随着中国自身的发展，以及与国际环境关系

① “网络外交”在美国有不同的定义。美国国务卿希拉里·克林顿 2010 年 1 月 21 日在华盛顿演讲，提出要将“不受限制的互联网访问作为外交政策的首要任务”，并宣布“未来一年中，我们将与实业界、学术界和非政府组织的合作伙伴一道，确立发挥互联网技术威力的长期努力，利用这些技术推进我们的外交目标”。

的日益密切，增进国外公众对中国基本国情、价值观念、发展道路、内外政策的了解和认识成为当务之急，加强和开拓公共外交是中国在新形势下完善国家整体外交布局的必然要求。

主要的原因可以归纳为三方面：

第一，中国已经走到了世界舞台的中心，中国与世界各国的政治、经济、文化以及人员的往来空前紧密。

据中国公安部出入境管理局统计，2009 年，中国内地居民出入境总数为 9 491.5 万人次（其中出境到外国的约 1 200 万人次），外国人入出境共计 4 372.7 万人次。中国人向“世界公民”的身份转变给了我们开展公共外交广泛的可能性。民众间国际交往的接触面远远超过政府交往，而且这种交往是实实在在、最为自然的文化双向了解渠道。

> **时代要求中国公众要肩负起和国际社会沟通的责任。中国有必要以公共外交增强中国的国际话语力。**

随着中国对世界的影响日益扩大，中国发生的事情往往就是世界的事情，随时会成为世界的舆论主题。由于本国的利益和中国的关联日益密切，许多国家愿意加强与中国的公共外交。时代要求中国公众要肩负起和国际社会沟通的责任，中国有必要以公共外交增强中国的国际话语力[①]。

第二，公共外交是促进西方全面、准确理解中国的重要途径。

由于历史和现实的种种原因，冷战思维依旧弥漫在部分西方国家

① 通常说的“话语权”在不同语境下可能是指话语权利（right of discourse），也可能是指话语权力（power of discourse）。在大多数情况下是指后者，是指一种软力量（soft power），所以此时翻译为“话语力”更为准确，类似于日语中的“发信力”是指“话语影响力”的意思。关于话语力的详细论述参见本书第七章。

中。所谓冷战思维，就是第二次世界大战后的两大阵营在冷战时期处理国际关系所持有的一种意识形态。如今，冷战虽已结束，但有的西方势力仍然在人为地坚持对立的意识形态鸿沟，对于中国发生的事情，往往会没有理由地持反对倾向；而同样的事情，如果是其他新兴的发展中国家去做，可能就没有问题。这种思维偏执会产生遏制中国的政策和行为。

西方媒体对中国的报道经常出现严重的歪曲乃至攻击。他们连年不断地制造“中国威胁论”等炒作热点，通过他们强大的媒体集团进行传播，致使许多外国公众对中国产生了误解。例如：他们称中国正常的国防建设是为了取得军事霸权；无端指责中国的各项国内政策；甚至还把中国对非洲的援助政策诬为“新殖民主义”等等。

第三，公共外交有利于建设中国持续发展的良好国际舆论环境。

在当代，任何一个国家的发展不仅取决于本国国情，也受制于国际环境，这不仅包括政治环境、经济环境、军事环境，也包括国际舆论环境。良好的国际舆论环境对国家发展是助力，不良的国际舆论则对国家发展有所遏制。要让世界正确认识中国这个世界上最大的发展中国家，不能寄希望于西方媒体公正客观地报道中国，更不能寄希望于他们主动填补早已存在的意识形态鸿沟。能否把中国的真实情况，包括中国的文化、中国特色社会主义、中国的内外政策等介绍出去，首先取决于中国人自己的国际沟通能力。

中国的公共外交不仅是增强中国人国际沟通能力的重要方式，同时还毫无疑问地支持了政府外交。例如，由于中国出口的持续增长所引起的贸易摩擦和经济利益冲突，十分需要从事国际贸易的中国企业家，在各个适当的场合具体地说明中国经济政策改革的成果和继续改革的方向（如改变出口商品结构，提高商品质量和扩大内需的一系列措施等），以及介绍如何分享中国经济发展的机会等等。

（四）如何有效地开展公共外交

有效开展公共外交，需要从政府和公众两个层面做出努力。

就政府层面来说，国家有关部门，主要是外交部，除了自身的公共外交任务（如使领馆在驻在国的使馆网站建设，与当地媒体和各界领袖人士的日常接触等）之外，要对涉外机会较多的各级领导干部、公务员广泛开展公共外交教育，使之树立公共外交意识，掌握公共外交的基本方法，并在民众中普及公共外交理念；同时，政府要鼓励大学培养未来公共外交的人才，开设公共外交课程，使之适应对外开放的社会需要，并且政府部门应该予以相应的财政支持。

就公众层面而言，凡有机会和能力进行国际交往的机构、组织和广大公众都应该具备参与公共外交的意识——它既是一种自觉性，又是一种广泛的爱国情怀的表现。公众的公共外交自觉性使传统的公共外交概念得以扩展，中国的公众不只是外国的公共外交受众，而更应该是中国公共外交的积极力量。

对于经常参与公共外交活动的人士而言，还要练好“内知国情，外知世界”的基本功。向世界说明中国的真实情况是一项既急迫又长期的工程。对外交流时，我们不但要会说，还要会听、会讨论，要避免只有“输出”，没有“输入”。而这些能力的掌握来源于自我修养的提高、主动的学习，以及国际化视野的培养。只有在进行中外比较的学习中，我们才会敏锐地感受到各国的差异，较准确地认识中国在世界的位置。

> **公众的公共外交自觉性使传统的公共外交概念得以扩展，中国的公众不只是外国的公共外交受众，而更应该是中国公共外交的积极力量。**
>
> **对外交流时，我们不但要会说，还要会听、会讨论。**

对于大多数公众而言，虽然并不是都有机会参与公共外交的专门项目或活动，但是他们在各种国内外公共场合的表现，也是国家形象的具体表达。这与公共外交展现良好国家形象的目的是一致的，因而可以认为，广大公众在公共场合的言行举止、素养和风貌亦具有公共外交的属性，他们也是国家形象的重要来源，是国家的公共外交整体力量的基础。

良好的文明习惯是一代接一代养成和传递的。每一代人在保持和发扬优良传统的同时，也需要注意克服某些习以为常的或者由于社会发展而新产生的陋习。严格地说，这不仅是公共外交的需要，更是民族进步的需要。这种文明的升华不能只依靠政府的提倡，主要还要靠社会公众的自觉。

总而言之，公共外交是一项广泛的、长期的、基础性的国际交往行为，是一个了不起的跨文化交流大工程。同时，公共外交还是一种软力量[①]（soft power）的表达，这种表达是文化性的，因而往往是比较柔和、直截了当和容易被理解的。随着公共外交的广泛实践，相信世界上

① “soft power”也往往译作“软实力”，本书译为“软力量”。

会有越来越多的人更加准确地了解中国，领略到“和而不同”的中华文化精神。

二、新型公共外交是全球和谐对话的网络

文化上的相互理解和尊重，是一切方面相互理解的基础。尊重、理解异文化的价值，正是新型公共外交的无形境界和精妙所在，它超越具体的议题和事件、纷争和差异，在不同国家的公众心底构筑沟通的基础。

“和谐世界”的理念是中国文化精神在世界观上的一个集中体现，这一理念与联合国教科文组织通过的《保护和促进文化表现形式多样性公约》所提倡的“各种文明互相共存，相互包容”理念是一致的。中国传统文化的核心是“和”的理念。汉语中的“和”有着丰富的含义，如：“和为贵”、“和而不同，求同存异”。我们相信，我们对“和”的理念的信奉与其他民族文化有着共同之处，这也是全人类的共同追求。

不同国家、不同民族之间的文化对话是人本性的对话，是其他实务性对话的基础。有了文化沟通的基础，政治、经济和军事等其他领域的实务性对话也会稍微容易一些。

“和谐对话”的一个前提就是超越固有的认识，“不畏浮云遮望眼，只缘身在最高层”——站得高了，就会忽略枝节上的分歧，互相

理解；站得高了，眼界开阔，就会看到共同的天空和大地。比如不同宗教的教徒，如果各自闭锁在一教、一派的范围内，彼此间只能是相互否定；而如果都站到终极关切的高度，彼此间就有了相互谅解的可能。[1]

可以说，公共外交以人际交往、媒体传播、文化交流和语言艺术等方式广泛展开，不仅服务本国利益，而且也是推动全球对话的动力之一。它着眼于文化的力量，力图在跨文化对话中增进彼此间的了解和认同。无论从构建人类命运共同体、实现“和谐世界”的理想信念来看，还是就缔结某一国际秩序的现实需要而论，构建各国公众广泛、深度参与的跨文化对话平台都是必要的。[2]

> **新型的公共外交应提倡兼顾对方利益，更为强调相互理解、相互尊重，建构求同存异的全球对话网络。**

各国对公共外交的既有界定都明白无误地宣称，公共外交是为了提升外国公众心目中的本国形象，从而有利于本国利益。这种理解带来的一个极端现象是：为了本国利益的实现，个别国家甚至不乏采取打击别人来提高自己的手段，而这是有悖于构建人类命运共同体、实现“和谐世界”的理想信念的。因而，我们认为，需要从推动全球文明的价值观出发来建构一种新型的公共外交。这种新型的公共外交应提倡兼顾对方利益，更为强调相互理解、相互尊重，建构

① 以上两段参见陈洪、丁峰：《好的对话：智者的交流与反思——读赵启正与帕罗的〈江边对话〉》，载《天津日报》，2007-02-05。

② 参见胡百精：《公共外交的语境、内涵和形态》，载《国际公关》，2009（2）。

求同存异的全球对话网络。

联合国是促进世界和平、和谐的政府外交舞台。新型的公共外交虽然没有宪章和办公大厦，但它是促进世界和平、和谐的虚拟舞台，同时，它还有助于改善联合国的那种“政府外交”成效的外部环境。

图 1—2 以一个立方体的八个顶点分别代表新型公共外交对话系统中的各国政府与公众，以不同形式的双向箭头分别指代政府外交、公共外交和政府与本国公众之间的沟通。借助这个立体透视图可以看到，新型公共外交所倡导的是一种全球范围内的立体化全方位对话形态。

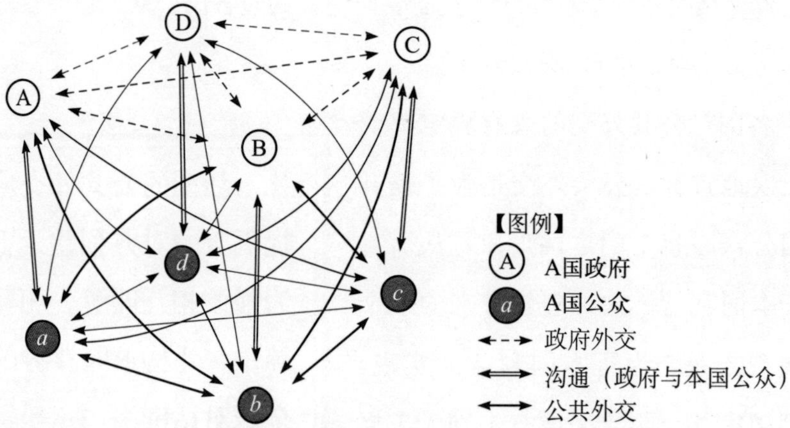

图 1—2　全球公共外交网络图示（以四个国家为例）

在这样一个全球公共外交网络中，一国公众往往受到来自多个国家政府和公众的影响，一国公众对于另一国家的认识往往还取决于与其他国家政府和公众的交往经验。同样，一个国家在与另一国公众展开对话时，往往也需要注意并通过其他国家的政府和公众间接传递信息。在国际上正是这种多边复杂的公共外交网络，使整个世界能够在相互交往中保持平衡、实现和谐。

三、公共外交的民间力量

与西方国家只把公众作为公共外交的受体相比，中国的公共外交更广泛地依托于民间力量，社会团体、科研院所和企业等一切有机会、有能力从事国际交往和对话的机构、个人都是中国公共外交的力量。

下面，让我们以中国人民政治协商会议与企业的公共外交职能为例来分析这一问题。

（一）政协是开展公共外交特别合适的机构之一

中国人民政治协商会议（以下简称“政协”）是中国的重要政治机构，发挥着政治协商、民主监督、参政议政的作用，全国政协和各地政协外事委员会一直都在积极实践对外友好工作。

政协的参加单位包括了中国共产党、8 个民主党派[①]和无党派人士，共青团、工会、妇联、青联、工商联、科协、台联、侨联等 8 个主要人民团体，中国 56 个民族和 5 大宗教团体的代表人物，港澳台同胞和归国侨胞的代表，以及其他各个界别的代表人士。广泛的构成基础使得政协委员可以从容地面对外国、各领域的机构、组织和精英人士，深入地交流双方的见解；同时，政协有着丰富的对外交往历史和经验，人民政

① 中国多党合作制度中包括中国共产党和 8 个民主党派。8 个民主党派是中国国民党革命委员会、中国民主同盟、中国民主建国会、中国民主促进会、中国农工民主党、中国致公党、九三学社、台湾民主自治同盟。

协对外交往“融官方外交与民间外交于一体，灵活多样”的特点与公共外交的内在要求非常相近。而且，政协交往的对象和范围一般侧重于高层的有代表性、有影响力的组织和人士，这种高层交往，往往会起到事半功倍的效果。

全国政协外事委员会越来越认为，把开展公共外交作为其一项重要职能是符合时代要求的。为此，十一届全国政协外事委员会成立了三个小组，即：公共外交小组、国际关系小组和对外经济小组。其中，公共外交小组以研究公共外交理论、普及公共外交知识和开展公共外交实践、促进对外友好交流为任务；其余两个小组虽然在开展调查研究和对外活动中的任务侧重点有所不同，但也都分别承担着相应的公共外交任务。

（二）企业也是公共外交的重要力量

对外传播，我们已经走了很长的路，但许多时候，我们的对外传播还是局限在了政府职责之内，各类社会组织在对外传播中的角色和功能还有待进一步强化。如果我们的企业，尤其是成功的大企业，在其发展过程中，能承担一些与其业务有关的公共外交责任，必将有助于形成一个新的、更为广阔的对外传播格局。

企业的社会影响不仅取决于资金的雄厚，在很大程度上还取决于诚信和对当地利益的兼顾。从国家战略的高度看，企业在谋求经济利益的同时，还应当承担国家软实力的使命。例如，由一家德国企业在 1907 年（清光绪三十三年）承建的兰州中山桥，是兰州历史最悠久的古桥，也是黄河上第一座真正意义的桥梁，有“天下黄河第一桥”之称。令人赞叹的是，在 1987 年保固期满后德国当年那个企业的后继公司依然专门致函兰州市政府，申明合同到期，还派来工程技术人员对大桥进行测查，并提出了维修建议。这家德国企业的诚信无疑使德国的形象大为增色。

经济的跨国网络无处不在，企业对公共外交的贡献潜力巨大。在中国经济迅速发展的今天，优秀的企业家是社会精英的重要组成部分。企业和企业家在日益全球化的商业运作中，通过业务往来与许多国家的多个阶层有着广泛的接触和交流。因此，企业和企业家也是公共外交的重要力量，他们可以在跨文化交流中发挥积极的作用。

● 企业界的国际交流活动：公共外交的形式之一

在经济全球化的背景下，企业跨国交往越来越多，随之而来的跨国公共关系活动也加强了，不仅数量众多而且形式多样、颇具规模，现代企业正是在这个过程中承担了公共外交的重要使命。① 以企业为主体的大型国际活动不仅仅是经济领域的交流平台，同时也是公共外交的平台之一。比如，日内瓦商学院教授克劳斯·施瓦布创建的“世界经济论坛”（World Economic Forum，WEF，又称达沃斯论坛），现已成为国际上颇有影响力的非官方经济会议，为各国的公共外交提供了难得的平台和机遇；1999 年和 2005 年分别在上海、北京举行的“《财富》论坛年会”，从 2008 年开始在天津和大连连续举办的“夏季达沃斯论坛”等，既增进了经济界同行之间的相互了解，又创造了让世界聚焦中国，让更多的人了解中国的契机。

---

① See Ordeix-Rigo，Enric，Duarte，João，“From Public Diplomacy to Corporate Diplomacy：Increasing Corporation's Legitimacy and Influence”，*American Behavioral Scientist*，Dec 2009，Vol. 53 Issue 4，pp. 549 - 564，16p.

● 企业家和企业精神：形成新型公共外交格局的重要推动力

优秀的企业家不仅事业有成，而且具有较高的知名度和社会影响力。从某种意义上说，他们也是舆论领袖，社会责任重大。

很多成功的企业，其国际化、多元化、社会化的程度都较高，也非常重视精神追求和社会责任，总是不懈地学习进取，勇于创新，力争让自己走在行业的前沿。这些推动成功的元素正在促进中国企业走向世界水平，为世界所瞩目。

中国企业家在国际舞台中所展现的，不仅是自身的风范和企业文化，而且还包括中国人的精神和文化，同时，他们也拥有更多向外国人讲述“中国故事”[①] 的机会。他们应当用自己的知识和风采来清晰、明朗、高效地表达，讲出中国特色，使外国人觉得言之有理。

此外，当代媒介环境中，还有一些企业家所创办的传媒企业本身就是公共外交的重要载体和工具。这方面比较典型的例子有：由特纳广播公司（TBS）董事长特德·特纳（Ted Turner）于 1980 年 6 月创办的美国有线电视新闻网（Cable News Network，CNN），是面向全球的、影响巨大的强势媒体，承担着由美国立场出发的公共外交任务；2010 年 7 月开播的蓝海电视（Blue Ocean Network，BON），是一个由中国民间投资、面对西方主流社会、24 小时传播中国内容的民间英文电视台，其创始人是独立电视人顾宜凡和诸葛虹云，这正是中国民间企业主动介入公共外交的一个例子。

① “中国故事”指由中国人讲的与中国有关的各种各样的故事。这里强调为了达到传播的有效性，可以让对方听到并且听进去，要学会以故事的方式对外沟通，而不能仅靠政策、规章的传播。关于讲故事（story telling），有专门的课程和理论如叙事学（Narratology）进行研究和解释。

四、公共关系与公共外交的联系和区别

公共外交（Public Diplomacy）与公共关系（Public Relations）之间既有区别又有着密切的联系：公共外交是公共关系的国际化，又是公共关系在外交领域的拓展；国际公共关系网络构成了公共外交的基础和平台；当代中国公共外交的兴起是当前国际舆论环境和中国的发展现实的客观需要，有其特殊的内涵和要求，并不是公共关系的简单延伸。

> **公共外交是公共关系的国际化，又是公共关系在外交领域的拓展。**
>
> **国际公共关系网络构成了公共外交的基础和平台。**

公共关系的研究在中国已经有30余年的历史，而公共外交，相较而言却是比较新的事物。但是与公共外交一样，公共关系的定义至今也未能在研究者中达成统一，就当前通行的几种公共关系定义看，对公共关系理解的共识包括：公共关系是一种状态，是机构与相关公众间的可能的各种各样的关系；公共关系是一种活动，其目的在于建立机构的良好的形象；公共关系的主体一般是组织机构，而公众往往是受众；健康的公共关系有助于社会的和谐。

公共外交建立在国际公共关系网络的基础之上，但是又比公共关系更加复杂，包含更多的政治内涵。

两国之交，在民之亲。民众的观点，势必会经由舆论和其他方式对

政府的外交政策造成影响。因而，平和的、不霸道的公共外交势必能够推动政府之间、国家之间的关系，而形式多样的公共关系活动也可以为公共外交提供资源和平台。各类公共关系专业组织，如中国各地的公共关系协会整合了大量精英人才，越来越多地参与到了国际事务中，需要注重加强发挥公共外交的作用。

五、国际论坛——公共外交的重要平台

近年来，中国举行或中外联合举行的，有双边或多边人士参与的国际论坛逐渐成为公共外交的一个重要渠道。国际论坛的参加人员广泛，既有政府官员，也有非官方人士，如商界、学术界、传媒界的精英等；论坛一般围绕精准的选题展开、内容丰富、对话灵活，可对政治、经济、文化、科技等方面的话题展开双边或多边的深入交流，进而成为公共外交的重要平台。以下，以“21 世纪论坛”和“北京—东京论坛”为例加以阐明。

（一）“21 世纪论坛”

“21 世纪论坛”是一个很好的公共外交平台。作为一个高层次、学术性的国际多边交流活动，“21 世纪论坛”围绕世界发展的大趋势和全人类共同关心的重要问题，邀请中外知名人士和专家学者开展研讨，它

以“增进了解，加深友谊，促进合作”为宗旨，提倡围绕主题畅所欲言，求同存异，互相尊重。通过与会者平等、自由、客观、理性、务实的交流，为缔造一个和平、繁荣的新世纪做出有益的贡献。

从八届全国政协开始，“21世纪论坛”每五年举办一次，如今已举办了四次。2010年9月，该论坛以“新形势、新挑战、新理念——探索合作共赢之路”为主题，邀请了日本前首相福田康夫、德国前总理施罗德、俄罗斯前总理普里马科夫、尼日利亚前总统奥巴桑乔等6位外国前政要出席会议并在开幕会上演讲，并有来自25个国家和地区、7个国际组织的43位专家学者作为嘉宾参与了6个专题的研讨。

“21世纪论坛”不仅是人民政协开展多边交往、促进国际合作的舞台，也是实践公共外交、展示中国特色民主政治的窗口，得到了国内外舆论的高度关注。

（二）“北京—东京论坛”

2005年，中日关系发展遭遇了寒冬，两国新闻界、学术界和民间组织中的有识之士敏锐地觉察到在政府外交之外，公共外交大有可为，而且也必须有所作为。作为中国国家英文日报和中外交流事业重要力量的《中国日报》联合北京大学，以及在日本政界、知识界具有重要影响力的民间组织“言论NPO”，共同发起创办了着眼未来、定位高端的“北京—东京论坛”。论坛期间，来自两国政治、经济、媒体、学术等领域的精英人士，围绕主题和涉及中日关系发展的各种问题进行讨论和沟通。

“北京—东京论坛”（以下简称“论坛”）有三个突出特点：

第一，“论坛”的主办者为非政府机构，但在各自国家均有重要地位。《中国日报》是中国的主流英文日报，是中国对外传播的主力军；日本“言论 NPO”是集日本政治、媒体、产经等各界精英为一体的超党派组织。

第二，“论坛”以民间方式举办，发挥了“以民促官”的积极作用。在 2006 年 8 月的第二届“论坛”上，我明确建议以此“论坛”作为平台积极开展中日间的公共外交，得到日方的积极响应。

第三，中日双方均有重要媒体、新闻研究机构的负责人和学者与会。媒体是两国民众了解对方的主要渠道，对中日关系的发展产生着重要影响。多年来，中日媒体对“北京—东京论坛”的报道较多，由此对两国民众客观、全面地认识对方国家发挥着积极作用。

中日双方自“论坛”创办之初约定，“论坛”每年举行一次，在中日两国交替召开，双方共同努力将其建设为两国间精英交流的重要公共外交平台，并将其影响力由亚洲地区逐步辐射到世界其他地区。

从 2005 年至今，“论坛”已举办了 6 次，主题分别为：“构筑亚洲未来——中日关系：困难与希望；面向亚洲未来”、“建立新型的中日关系”、“中日战略互惠关系与亚洲未来”、“亚洲的未来与中日的作用”、“世界经济危机中的中日合作”、“亚洲的未来与中日的贡献”。

中国国务委员戴秉国多次代表中国政府对“北京—东京论坛”予以高度评价，在 2010 年 8 月召开的第六届“论坛”上，戴秉国发来贺词，称赞其“已成为中日两国间最重要的公共交流平台之一”、“对促进中日关系健康稳定发展具有积极意义”。

同样，日本高层也对“北京—东京论坛”给予充分肯定和积极评价。2006年8月，第二届“论坛”在东京举行，即将担任首相的安倍晋三到会，提出希望日中关系要经济和政治“两个轮子一起转动”，给了中方一个明确的政治信号；2008年9月，第四届“论坛”在东京举行，福田康夫首相在贺词中肯定“北京—东京论坛”已发展成日中关系中每年要举行的一项重要活动，并赞扬其“对日中关系的未来常常起着先导作用”，“积极开展了睿智的探讨”；2009年11月，第五届“北京—东京论坛”在大连举行，时任日本首相的鸠山由纪夫在贺词中除了充分肯定“论坛”对日中关系的影响外，还提到“论坛每年举行有关日中关系的舆论调查，正在成为两国国民相互认知方面非常宝贵的资料”；在2010年的第六届“论坛”上，日本内阁官房长官仙谷由人也高度赞扬了“北京—东京论坛”对日中关系的发展所起到的见证和促进作用。

六、上海世博会——公共外交的大舞台

2010年5月，上海世界博览会隆重开幕。继成功举办北京奥运会之后，世博会将全球的焦点再次吸引到中国。上海世博会无疑是中国民众参与公共外交的绝佳机遇，帮助世界全面地了解了中国，让中国最大限度、最真实地展现在了世界面前。

上海世博会庞大、复杂的筹备工作和6个月的运行过程中，除了“政府对政府”的签约仪式、不同政府首脑共同出席的现场活动及其相

互间的会谈之外，其余的国际交往行为都属于“公共外交”的范畴。一国政府和另一国民间机构之间、各国的非政府组织之间的交流活动，以及各种国际性的论坛和艺术表演等数不胜数，这些交往形式极大地丰富了世博会的组织者、工作人员和大量志愿者的公共外交经验。

同时，对于参加展出的 246 个国家和国际组织来说，上海世博会也是他们对中国进行公共外交的大舞台。

中国实行改革开放 30 多年来，社会面貌发生了巨大变化，成为世界舞台上的重要角色，成为了世界关注的焦点。毫无疑问，对于参展国来说，上海世博会是其进行公共外交的珍贵舞台。各参展国对于参观展览的约 7 300 万人次观众（5%为外国观众）和通过电视等媒体“间接参观”的数亿中国观众的预期很高。[①] 据上海交通大学人文艺术研究院的调查报告《上海世博：各国公共外交的大舞台》，有 79%的观众认为通过参观提高了自己对参展国的认识。

---

① 2010 年 7 月 16 日《洛杉矶时报》：“如果你认为美国在上海世博会传递的信息无所谓，你就大错特错了。7 000 万中国人来看世博，世界各国如何表现自己，将影响到中国人如何看待他们，并将产生深远的政治、经济、文化的影响。”另据法新社 2011 年 2 月 14 日报道，美国参议院对外关系委员会的一份报告批评美国对公共外交的拨款不足。例如，美国人对上海世博会漠不关心，其设计素质令人失望。报告指出，世博会可在双边关系上发挥影响力，美国应把握机会。

第二章

国际舆论——国家发展的重要环境

公共外交的基本任务之一，就是优化国家的国际舆论环境。

影响国家发展的因素来自内部和外部两个方面。内部因素包括政治制度和政策、文化传统、公民素质（如平均受教育程度等）、经济结构、自然资源等，这些因素综合起来形成一个国家发展的基础；外部因素包括政治环境、军事环境、经济环境、文化环境、舆论环境等。内部因素和外部环境之间存在相互影响，其结果对国家发展也许是助力，也许是制约，这与政策运筹和客观条件大有关系。

国际舆论环境是影响中国发展的重要外部环境。简单讲，国际舆论环境是指国际社会对一个国家较长久的印象和时有变化的评论。国际社会形成的同时就诞生了国际舆论，任何一个国家、民族、政党、公众人物的国际形象总是存在于国际舆论之中，并且深受其影响。

一、以舆论赢“国缘”

> **人有“人缘”，国则有“国缘”，“国缘”好的国家，被信任程度就高，在世界上影响力就大。**

人有“人缘”，国则有“国缘”。“国缘”好的国家，被信任程度就高，在世界上影响力就大，为本国利益的国际运作所付出的“成本”就低。可是“国缘”犹如“人缘”一样，并非完全与该国、该人的实际品质一致，这就是舆论中的偏差。

在经济全球化、世界多极化的背景下，信息需求倍增，而与此同时，数字化通信技术取得的重大进展又使得信息快速、大范围传播成为可能，二者的结合，使当今世界进入了国际信息大传播的时代。在国际信息流通中，西方国家的实力基础和语言优势使得其媒体处于垄断地位，他们的涉华报道，对于世界上大多数地区来说，比我们媒体的报道传播得广，影响也大。

（一）正视中国当前的舆论环境

当前西方的对华舆论表现得很复杂：总体上看，他们虽然承认中国经济的发展，也及时报道中国重大的时政信息，但在选题和评论上却往往带有强烈的负面色彩。他们常会从自身的意识形态和商业利益出发，炒作甚至制造如下一些关于中国的“热点”问题：

人权问题。他们把所谓的人道主义干涉作为当今外交的理论基础，比如美国每年 3 月发表的《国别人权报告》，对 130 到 190 多个国家的人权状况进行指责，但是从来不列举自身的问题。其中，对中国指责的篇幅最大，不实之词最多，且连续多年，乐此不疲。面对此情况，中国不得不提醒他们，于是，中国国务院新闻办公室每年准备一份《美国人权纪录》，历数美国的种族歧视、性别歧视、私藏枪支、选举的不公道、吸毒、司法不公正等现象。每年美国的《国别人权报告》发表之后几日内，此《纪录》随之发表，成为他们的《报告》的“补充”和“质疑”。中国的人权建设逐年发展，我们有责任把这些进展对外表达，除了日常的新闻表达外，国务院新闻办公室每两年左右就发表一次《中国人权事业进展白皮书》，并出版《人权》杂志。

西藏问题。西方媒体长期攻击中国西藏政策，无视西藏发展进步的事实。近年来，西藏的活佛、文化工作者、藏医或过去的农奴不断走出国门，用亲身体会讲述西藏的变化，同时也邀请许多外国记者和藏学家到西藏去，取得了比较好的澄清事实的效果。

台湾问题。这是以美国为首的西方国家干涉中国内政的一张牌。多年来，中国共产党和中国政府以多种形式与台湾当局保持着沟通，民间人士也对台湾问题不断地发表文章。我们的目的是想让台湾人民明白“和平统一、一国两制”的真意，向世界舆论表明，最渴望用和平手段统一台湾的是中国人民。我们还建立了台湾问题的专门网站，台湾民众的点击量很大。海峡两岸通过这个网站，彼此致意，十分亲切。

宗教问题。这是西方媒体长期炒作的老话题。美国在《国别人权报告》中用很大的篇幅指责我们的宗教政策，而事实上，当前中国宗教的发展较以往任何时期都更为迅速：教徒数量增长超过了历史上的任何时期；修复和新建了很多宗教场所；出版了很多研究宗教、神学的书籍，且许多书店都设有宗教书籍专柜。

上述“热点问题”，直接关系到中国在国际舆论中的处境，值得在公共外交活动中认真对待。

（二）主动说明中国发展中存在的问题

我国对外传播的基本任务是为了让全世界更好地了解中国的真实情况，为中国特色社会主义的建设营造一个良好的国际舆论环境，从而服务于中国的改革开放和社会发展。

世界上只有少数人能亲身来到中国，只靠外国人访问不能解决世界上大多数人了解中国的问题。因而，要让世界了解一个真实的中国，唯有加强对外说明中国的力度，在增进与国际社会的相互了解中传播真实的中国形象。

“向世界说明中国”的主要内容，包括说明中国的社会制度、对内对外的政策、社会发展情况，以及历史和文化，并随时回答外国人对中国提出的问题。

在对外说明中国时，对发展过程中出现的种种问题也应当真实地说明。诸如，城乡之间、区域之间的经济、社会发展仍然不平衡；劳动就业、社会保障、收入分配、教育卫生、居民住房、安全生产、司法和社会治安等方面关系到群众利益的问题仍然较多；消极腐败现象仍然比较严重等等。如果只说成功的一面，不说存在问题的一面，就没有表明中国的真实，就难以令人们接受，甚至影响我们所传达信息整体的可信度。向外界说明真实的中国是自信的表现，我们的信心在于——我们的发展方向正确，存在问题必能克服。

二、高度重视舆论环境对国家安全的作用

舆论宣传作为各国政治、外交、经济、贸易的战略武器，在历史上起过重大作用。第二次世界大战后的几十年冷战期间，舆论曾对国家政权的改变、世界历史的进程起过十分重要的作用。我们必须从维护国家利益的大局出发，高度重视舆论环境对国家安全的作用。

毛泽东在延安时就曾说过，“笔杆子和枪杆子结合起来，事情就好办了”；艾森豪威尔也曾说，“一美元的外宣费用等于五美元的国防费用”，并在他任总统期间建立了美国新闻署，提出“美国之音”要越过国境，越过海洋，穿过铁幕和石墙，“同共产主义进行斗争”；而当尼克松在“水门事件”中受挫，差点受到弹劾时，他也曾慨叹，“三份不友好的报纸比一千把刺刀更可怕”，并提出“媒体已经成为国家权力的重要资源”。正是基于对舆论重要性的认识，美国历届总统都很重视舆论的作用，将其作为国家战略，尤其是对外战略的重要手段。如：1999年，美国新闻署并入了新成立的全球传播办公室（Office of Global Communications）。该办公室隶属于白宫，主要职责包括：第一，评估美国对外传播的方式和策略，协调相关机构，根据美国沟通交流的构架

和战略重点谋划宣传内容；第二，与决策部门和媒体等相关机构共同制定对外宣传战略，真实、准确、有效地传播美国的政策和文化，并与外国政府合作。他们认为，要说美国好，不能只是美国的通讯社说美国好，要让外国也认可美国好。

对于一个国家来说，传播本国政治、经济、文化信息，引导国际舆论的能力属于小约瑟夫·奈（Joseph Nye，Jr.）定义的“软力量”的范畴。[①] 当今，强大的国家除了日常的对外传播工作之外，每有国际行动，小至促成联合国通过一个提案、一次国际领袖会晤，大至要发动一场战争，都必是“兵马未动，舆论先行”。如美国对科索沃、阿富汗和伊拉克的战争，无一不是先行“舆论轰炸”，再出动“B-2”和“F-117”。

谁占领了舆论制高点，谁就有可能把握先机和主动，赢得国际社会和公众的“理解”和“支持”。

不难看出，谁占领了舆论制高点，谁就有可能——虽然也可能是暂时的和短期的——把握先机和主动，赢得国际社会和公众的“理解”和“支持”（当然，公众的信服要看所发布的信息和传播的观点是否经得起时间的验证）。所谓“占领舆论制高点”，就是借助遍布世界各地的记者、强大的广播和出版发行能力（特别是拥有全球传播的渠道），率先发布独家的重大新闻，发表独到的评论，从而引导受众的判断向着自己的方向倾斜。

① 参见［美］小约瑟夫·奈：《软实力与硬实力》，北京，北京大学出版社，2005。

以美国为首的西方媒体在国际舆论格局中占有垄断地位，全世界重要的国际新闻和舆论主调主要是通过三大通讯社（美联社、路透社和法新社）、四大电视网（ABC、NBC、CBC和CNN）、三大报纸（《纽约时报》、《华盛顿邮报》和《华尔街日报》）、三大新闻周刊（《时代》、《新闻周刊》和《经济学家》）和facebook、twitter等大媒体、社交网络输出的。虽然我国的对外传播近年来有所突破和发展，在西方的声音也有所增强，但影响力仍十分有限。

第三章

新闻发言人制度

新闻发布是及时引导国内外舆论的有效方式之一。凭借提供信息的权威性和及时性，新闻发布会往往能够最快捷、最有效地引导和影响境内外主流媒体的报道。

在社会发展的新形势下，改进和完善新闻发布工作已经成为我国一项十分紧迫的任务，对形成积极的社会舆论，对社会发展、维护社会稳定有着重要作用。在既有基础之上，继续健全国务院、国务院各部门和地方政府三个层次的新闻发布体制，增加发布的数量，提高发布的质量，对内有助于提高政府工作的透明度，有助于帮助广大人民群众了解国情、监督政府和支持政府；对外则有利于向国际社会表达一个真实的中国，有利于国际社会正确认识中国。

一、新闻发布是引导国内外舆论的有效方式

媒体时刻在引导舆论，它们具有议程设置和舆论引导的能力。媒体的选题是引导，评论也是引导。而值得注意的是，媒体本身也是受到诸多因素影响的，各级新闻发布会，正是引导媒体和媒体人的重要方式之一。

任何一个国家营造一个有利于自己的国际舆论环境虽然都是以本国的媒体为主，但也要借助外国媒体。美国全球传播办公室就曾公开说，要促进外国媒体、记者做有利于美国的报道。我访问过东京的外国记者俱乐部，是民间机构筹建和管理的。该俱乐部负责人说，外国报纸很少采用日本记者的报道，所以他们总是尽量给外国记者有关日本的资料，尽量多地开发布会，这对促进外国媒体报道日本确实起到了良好作用。

在对外国媒体、记者的引导中，召开新闻发布会是最为重要的方式。新闻发布制度在国际上是通行的，特别是在发达国家已有很久的历史。回忆伊拉克战争，就很能说明舆论战的艰巨和舆论战、新闻发布会的重要性——美、伊双方的战争就是炮火战和舆论战并行，甚至可以说舆论战先行。美国开动了它所有的宣传机器，在短短的一个月内把伊拉克政权的“专横”和萨达姆的“独裁”描写得淋漓尽致。战争开始之后，伊拉克当局每天召开几次新闻发布会，强力反击美国。当时也有人评论说，伊拉克的新闻发布会几乎相当于几个师的战斗力。新闻发布的

作用可见一斑。

在中国，建立多层次新闻发布制度的目的在于：对内与人民沟通，保障人民的知情权，接受人民的监督；对外向世界说明中国的国情、政策，解疑释惑，为建设良好的国际舆论环境创造条件。

二、我国新闻发言人制度的发展进程和现状

我国政府的新闻发布工作可追溯至 20 世纪五六十年代。当时外交部根据需要举行过一些新闻发布会，其中令人印象最深的就是在 1965 年陈毅副总理兼外交部长的那次发布会。

从 1982 年初开始，我国的新闻发布工作真正得以规范化发展。当时，国务院新闻办公室的前身——中央对外宣传领导小组，起草了一个《关于设立新闻发言人制度的请示》，经中央书记处批示同意后，中宣部、中央对外宣传领导小组于 1983 年 2 月联合下发了《关于实施〈设立新闻发言人制度〉和加强对外国记者工作的意见》，要求外交部和对外关系较多的国务院各部门建立这样的制度，定期和不定期地发布新闻。以之为依据，外交部率先举行新闻发布会，并逐步建立了新闻发布制度。此后，国家统计局等部门也相继设立了新闻发言人，建立了定期新闻发布制度。

就地方政府而言，从 2000 年前后开始，各地也逐渐建立起新闻发

布制度，北京、上海、广东、南京等地是新闻发布制度建立较早或办得较好的地方。

2004年年底，中国政府在国务院新闻办公室、国务院各部门和省级政府三个层次上建立了新闻发布和发言人制度。当前，党委新闻发言人制度也开始建设，现在已经有中共中央纪律检查委员会、中共中央组织部、中共中央宣传部等十余个部门设立了新闻发言人，同时地方党委发言人制度也已开始建立。

随着我国新闻发布制度的普遍建立，政府新闻发布不仅成为信息时代中国政府进行公共管理的常态性工作，也成为中国对外传播的重要平台；不仅成为媒体报道的重要内容，也成为整个社会生活的一个重要部分。继续完善和发展新闻发言人制度、规范有效地召开新闻发布会，已经成为我们对外传播工作中一个非常重要的部分，是中国政府向世界快捷、有效地表达中国立场最好的方式之一。

政府新闻发布不仅成为信息时代中国政府进行公共管理的常态性工作，也成为中国对外传播的重要平台。

随着中国名副其实地在国际政治生活、经济生活中越来越多地担负起重要角色，中国的外交政策更是为国内外普遍关注。中国是联合国安理会常任理事国，在世界事务中，中国的立场、中国的表态、中国的行动具有举足轻重的影响。为了让外界更好地了解中国的外交政策，中国外交部除了每周两次的常规性新闻发布会之外，还会根据情况临时增加新闻发布。可以说，我们的声音总是能及时广泛对外传出的。

三、新闻发布的形式和特点

新闻发布的形式是多样的，可以视情况选择个别记者采访、记者集体采访、电话回答及“吹风会”等多种形式。所谓“吹风会”，是给少数记者作关于一些较“微妙”的问题背景介绍的一种新闻发布形式，供他们参考，但要求记者在发表时不引用发言人的姓名。

有的地方新闻发布会举行得较少，理由是该地外国记者很少。其实这样的观点是不正确的。应该认识到，国内媒体的需求实际上更为重要。国内各媒体的记者们也希望跟政府发言人对话，希望能得到生动活泼的消息，希望发言人能解答他的读者通过他提出来的问题。

成功的新闻发布会离不开以下这些环节的精心准备：各部门和各地方政府的新闻发布工作围绕政府的中心工作、政府想要表达的内容及群众最关心、最感兴趣的问题展开；新闻发布前充分准备，在近期舆论分析的基础上进一步了解中国记者想知道什么，外国记者要知道什么；准备的答问注重针对性和有效性，对一些群众不理解、不满意的问题未雨绸缪，主动公开，主动引导。

国务院新闻办公室每次举行发布会，参加的国内外记者约在百人上下，几乎每位参加者都能有一篇或长或短的报道提供给其供职的媒体。德国一家著名杂志的负责人曾对我说，“中国各个部长亲自出席发布会，这更能激起记者们的兴趣，许多国家做不了这么好”，同时，对于我们的直播新闻发布会，他也表示出特别的兴趣，“在欧洲，直播只是特例，你们直播发布会成为制度，这很有特色，说明你们有信心”。

1999 年 5 月和 7 月，我在北京主持了两次新闻发布会，深刻地批驳了诬陷中国盗窃美国导弹和核武器机密的《考克斯报告》[①]，国内外媒体都作了充分的报道，其中《国际先驱论坛报》[②] 以头版头条刊载。当年年底，美国新闻界将美国媒体炒作《考克斯报告》列为美国十大丑闻之一。由此可见，对这类事件采用新闻发布会的形式较之其他形式（如写评论）所取得的效果更为显著。

四、优秀的媒体和记者是新闻发布的依靠

新闻发布要取得良好的效果，获得更大的影响力，离不开大众传媒的介入。优秀的记者、高质量的媒体平台，是通过新闻发布会成功进行对外传播的依靠和保证。

（一）媒体舆论引导的力量在于诚信

媒体要以正确的舆论引导人，首要的条件是以诚信立足。客观的报

① 以美国众议员考克斯（Christopher Cox）为首的美国政客发起的旨在煽动反华情绪、借此捞取政治资本的恶劣事件。该报告于 1999 年 5 月 25 日公布，诬蔑中国“窃取”美国导弹及核武器技术。

② 《国际先驱论坛报》（*International Herald Tribune*）是《纽约时报》全资拥有的一份英文国际性报纸，总部设在巴黎。这张颇有影响的英文报纸在全球拥有 26 个印刷点，销售至 180 多个国家。

道比一味追求“正面报道”更重要。如果人们对报道持怀疑的态度，就会根本不看媒体的报道，也就无所谓引导或影响了。

很多情况下，由于新闻事件相关各方和受众对“正面报道”的理解角度不一，对同一事件正面报道的掌握就会不同，甚至有时对某些新闻是否属于正面报道也不是那么容易判断。事实上，对于一个国家的形象而言，客观全面的报道比一味追求“正面报道”更为重要。总体上说，负责任的报道应该建立在对事件的全面、客观报道的基础上。

在报道成绩时，不提及缺点的做法不仅是片面的，而且会使报道具有虚假性，更为严重的就是假新闻了。比如说，当前我国的经济、社会发展成就巨大，发展过程中存在的问题不是主流，在任何国家的发展中都在所难免。因此我们应该自信，围绕不断进步的国情，进行实事求是的报道，而不应该不报道或者是在报道中刻意掩饰。因为那样反而会产生负面效果，甚至让读者对其他正面报道的真实性也产生怀疑。以火灾报道为例，只谈灭火现场人们救援的勇敢，不提及失火的责任就是一种片面性。

此外，某些媒体以负面的局部现象来遮蔽全局的报道手法，也不是客观的报道。我曾对 CNN 的创始人特德·特纳当面指出过 CNN 的不公正；他们在报道中国和亚洲的时候以阴暗面为主。我说，如果北京有七处鲜花盛开的地方，有三处垃圾箱，拍摄的时候，如果拍七分钟垃圾箱，拍三分钟鲜花，最后就会让大家认为北京是个垃圾城市。[①]

（二）高效的媒体是对外传播的基础

随着我们新闻传播事业的发展，除了国内媒体的数量和质量获得长

① 参见《赵启正：中国面临怎样的国际舆论环境?》，载人民网，2006－06－08。

足进步之外，对外的媒体也在近年来蓬勃发展。中国主要的对外广播机构是新华社、中国国际广播电台和中央电视台。2006 年 2 月，中国国际广播电台在海外开设了第一家调频电台——肯尼亚内罗毕调频台（CRI 91.9FM），开创了中国对外广播在境外整频率落地的先河；截至 2009 年 5 月底，中国国际广播电台在境外共有 21 个整频率调频或中波台，153 家调频/中波合作电台，落地节目每天累计播出总时数达 724.5 小时；中央电视台则已开设英语、俄语、法语、西班牙语和阿拉伯语等国际频道；新华社主办的“中国新华新闻电视网”（CNC）也于 2010 年 7 月 1 日正式开播。高水平的外向型媒体，是使得我们的声音及时、准确传向世界的保证。

1999 年 7 月，国务院新闻办公室第二次举行批驳《考克斯报告》的新闻发布会时，现场记者与发言人之间的高效互动、记者现场捕捉新闻素材的出色能力，以及相关媒体报道工作的积极跟进，为这次对外传播的效果增色不少。其中的诸多细节参见发布会结束后新华社记者所撰写的工作简报。

案例　驳《考克斯报告》

中子弹公开报道的前后

——记赵启正的一场新闻发布会

黄燕[①]

1999 年 7 月 15 日，国务院新闻办公室以《事实胜于雄辩，谎言不

① 作者黄燕当时是新华社对外部政文编辑室的资深记者，这是她的一篇工作简报的摘要。

攻自破——再驳〈考克斯报告〉》为题在北京举行记者会，这是继5月31日国务院新闻办公室举行中外记者会驳斥《考克斯报告》后，国务院新闻办公室第二次批驳《考克斯报告》。

对于新华社记者而言，这是一次机会。如何把握机会就看记者的了。这一次，新华社对外稿件仍然采用滚动式发稿，先抢出一句话来，然后补充更多内容。

赵启正主任跟上次一样，仍然利用面前的一台便携式电脑发表谈话，他曾对记者说这种方式非常好，比讲稿好用多了。与此同时，他讲话的中英文要点、谈话中提及的科学家的照片和简介通过多媒体技术出现在会场一侧的大屏幕上。

记者会进行差不多十分钟的时候，赵启正讲到“中国早在80年代就掌握了中子弹的设计技术”，记者马上手机通知后方，发稿人立即签发了第一条快讯《中国已拥有中子弹设计技术》。

虽然只有一句话，但从后来得到的反馈来看，电头从北京到华盛顿、伦敦，从香侬（爱尔兰）到东京，从台北到香港，从柏林到莫斯科，一时间美联社、法新社、路透社、德新社、共同社、安莎社等外国通讯社纷纷以快讯、详讯、新闻分析、大事记、新闻摘要、新闻综述、文字或图片新闻公鉴等各种形式，抢着向各自的新闻用户播报这最新发生的重大事件。几乎每家外电都转播了新华社的一句话快讯。台湾的中央社在随后的几天里，几乎每天都转播五六条有关中子弹的国际反应消息。

然后的情况就是新华社发一条，外电跟一条，直至记者会宣布结束。等待在现场抓“活鱼”的记者，的确收获不小。赵启正向记者们介绍了长篇批驳文章之后，与中国工程物理研究院院长朱祖良、中国航天科技集团公司研究发展部部长张丽辉回答了记者的提问。

赵启正是一位常常会让寻找新闻的记者眼前一亮的人。被外电称为“中国内阁发言人”的他，善于把握尺度巧妙地回答记者的提问，而不是靠“无可奉告”来做挡箭牌。他了解记者的心态，了解如何取得更好的、实际的宣传效果。

一位日本记者问：中国政府说《考克斯报告》完全是编造的，驳斥得有理有据，容易理解，但为什么又指出它表现出种族主义和种族歧视的倾向呢？请赵启正先生给予说明。

赵启正当即以《考克斯报告》中关于中国“窃取”美国核技术机密的内容为例做了回答。他讽刺地以考克斯的方式“还击”考克斯，无须怒火中烧，不费一枪一弹，答得轻松还富有说服力。赵启正还举了个生动的例子，形象地说明了考克斯逻辑的荒谬之处。听到这些，记者的眼睛真的又亮起来了，一篇《中国认为〈考克斯报告〉的内容和描述手法充满种族歧视色彩》的稿子就这么出手了。

记者会举行的当天，正赶上中美就使馆被炸赔偿事宜举行谈判。美国有线电视新闻网（CNN）驻京首席记者问，中国是否相信美国关于中国驻南使馆是被误炸的解释。

高级工程师出身的赵启正并不做正面的简单回答，而是为在场的中外记者用“投骰子的概率”形象地说明了美方的解释是站不住脚的。这样的回答方式新颖，也是容易为许多读者认同的。中国有句老话“有理不在声高”，但我们好像常常忘记了这个道理，声色俱厉地表达义愤之情。有的时候，这么做的效果可能会略逊一筹。

事实上，《赵启正敦促美国诚实说明轰炸中国驻南使馆原因》一文的效果非常好。不少报纸还将赵启正“投骰子”的细节以大标题等形式单挑出来，以示不同。

记者根据现场的情况，还采写了《中国航天事业绝不会因〈考克斯报告〉受阻》、《中国近期将在载人航天技术上取得突破》和《中国专家谈中美武器实验室互访细节》，落地的情况也是相当理想的。

第二天，正好是《北京青年报》出“青年周末”版的星期五。这家报纸用硕大的字体，以“概率论驳倒误炸”为题，在头版头条位置全文转载《赵启正敦促美国诚实说明轰炸中国驻南使馆原因》。《北京晨报》、《北京晚报》、《人民日报》、《新华每日电讯》、《经济日报》、《新民晚报》、《羊城晚报》等中央、地方报纸也分别在显著位置转载了这些消息。

香港《大公报》的头版几乎被这次记者会的消息包了。它在头版以通栏的形式，用红色大标题“中国早掌握中子弹技术”刊登新华社播发的详讯。

单独播发中子弹消息不但没有削弱这次记者会的主题，反而为主题做了宣传——每次转播这条消息，记者都要交代消息的来源和背景，有的还交代了一些批驳的具体内容。就这样，中国批驳《考克斯报告》的消息传遍了世界各地。

五、新闻发言人的基本素养

发言人不是“自然人”，而是“职务人”。也许我们可以把政府新闻发言人看成是身兼二职：既是公务员，又是有异于记者的“新闻工作者”。对于媒体来说，发言人是重要的新闻源之一，是众多媒体报道消息链的起点，传递的是政府信息，可谓责任重大。媒体把发言人所代表的政府作为重要的信息来源，关于发布会的新闻往往会成为要闻。而另一方面，政府和公务员又是媒体的监督对象。有的时候，发言人可能会处于“为难”的境地，但任何一个政府的发言人都很清楚，必须站在职务的角色上，他们发布的每句话都要经得起考验，并承担责任。政府的新闻发布制度规定了新闻发言人的责任，新闻发言人在发言时受到新闻发言制度的约束，绝不能离开发言人的角色，随意地发挥，感情用事。

对于新闻发言人的要求，归纳起来至少有三条：

第一个要求是“政治成熟、立场正确、勇于负责”。“政治成熟”，概括地说就是对马列主义、毛泽东思想、邓小平理论，对“三个代表”重要思想，对“科学发展观”要有深刻的理解，对党和国家的政策，包括所代表的政府部门的政策有融会贯通的掌握，能够在政治上很纯熟地把握和应对局面；“立场正确”，就是要维护国家和人民的根本利益；“勇于负责”，指的是遇到事先没有列入准备范围的问题，在没有机会请示的情况下，要勇于承担责任，对自己有把握的答案，就一定要答，这是由新闻发言人的职责所决定的，因为发言人代表的是国家，维护的是国家的利益和荣誉。

第二个要求是“内知国情，外知世界”。“内知国情”是指要有关于中国国情的基本知识储备和专门知识储备，包括对一些新近发生的时政问题的了解；“外知世界”包括两个方面，一方面必须知道所回答的问题在国际社会上有什么背景或类似的案例、现有怎样的舆论，另一方面应该对不同国度外国人的文化背景和他们的理解能力略知一二，这样有助于准确地表达我们希望他们了解的信息，也就比较容易有好的效果。

第三个要求，应该是“讲究逻辑，有理有节”。逻辑如果不通，不能令人信服，会令人觉得你牵强附会，强词夺理。“讲究逻辑”的基础就是实事求是。偶尔会碰到我们尚不了解的情况、不知道的问题，或涉及国家机密的问题，那么可以说“下次告诉你”，或“这个问题我不能回答”。宁可少说、不说，也不可以说假话或胡乱应付。实事求是是新闻发布会的生命，是新闻发布具有权威性的基础。

在“有理有节”当中，很重要的一条是要“善待记者”，即以正确的态度对待记者。记者是个新闻人，追求的是新闻。他们是新闻传播链上不可缺少的一环，你希望他们传播你的信息，而他们愿意战胜你，逼你说出惊人的消息，甚至期望你说出你本不想说的话。而好的问题则能引出精彩的回答，能获得双赢。对于新闻发言人来说，随时需要记得：记者不是你的学生，不是你的部下，不是你的朋友，也不是你的“敌人”，他是你的挑战者。记住这点很重要！这会使你随时处于发言人状态中，不会松懈。他们不是你的学生，没有必要像讲课一样长篇大论；他们不是你的部下，不能以作指示的口吻讲话；他们也不是你的朋友，不能说“我只告诉你，但别说出去”之类的“私房话”；他们更不是你的“敌人”，虽然有时他们会提一些尖刻的问题，但这多是因为职业的需要。

> **记者是个新闻人，他追求的是新闻。他不是你的学生，不是你的部下，不是你的朋友也不是你的“敌人”，他是你的挑战者。**

此外，回答问题宜简洁，过多的解释会成为泡沫而淹没想表达的要点，言多也容易出现漏洞而引起再次追问。我们统计过，在一般情况下美国白宫和美国国务院发言人回答每个问题的时长平均不超过一分钟。

曾经有一次，在中国人民大学组织的县级市发言人培训班上，有两位地方的政府发言人问了我两个问题。

其中一位问，外国记者不相信发言人的回答怎么办？我答这可能是“原罪”，即前任的发言人可能说过假话。现在的发言人则是受委屈的，“救赎”的唯一方法是实事求是和及时发布信息。拖延时日相当于给谣传不胫而走的机会，在谣传后迟到的发布，也容易受到怀疑。

第二位问，当地政府在修建办公大楼中可能“出了点儿事”，市长躲着记者，发言人该怎么办？我回答，如果发言人不清楚事实和政府的处置办法，就难以面对记者。躲避记者将使这位市长面临更大的被动，城市的新闻发布工作的责任本质上是由市长承担的。

此外，除了新闻发言人，所有的公务员也都应该具备一定的新闻素养。一般公务员即使日常接触记者较少，但其领域内的工作也会被记者关注。一般而论，公务员既是媒体新闻源，又是媒体监督的对象。对此双重身份，公务员应当从容接受，应勇于接受记者的采访并保持信心。

第四章

“塑造国家”与“传播形象”

“塑造国家形象”实际上包括了两层意思——“塑造国家”和“传播形象”。国家的政策正确，国家建设得好，才有传播的资源；对于好的资源，还需要好的传播艺术，才能建立好的国家形象。内容与形式相得益彰，才能呈现良好的国家形象。

一、国家形象的基础是国家的真实情况

人们通过各种媒体，如教科书、小说、电影、报纸、互联网和人际接触，甚至道听途说，会获得关于一个国家的信息，进而逐渐形成对一个国家的印象。国家的真实情况有许多方面，如关于它的面积、人口，民族和资源等的基本情况；也有关于它的历史、文化传统、社会制度等

的人文特征；而社会动态、政治活动和经济发展则是媒体每日报道的重点。对于一个国家的真实情况而言，学者的研究成果和记者的报道虽然在理论上说是相对客观的，但是由于受到研究方法、意识形态和资料占有不充分等的限制，往往还是会出现偏差。

中国实行改革开放政策30多年来，社会经济的高速发展使其由世界舞台的边缘走到了世界舞台的中心。较之从前，国际形势对中国的发展影响明显，或有助力或有遏制作用；反之，中国的事情往往也为世界所瞩目。由于中国特色的社会主义道路是新生的事物，既不同于欧美的资本主义道路，又不同于苏联的社会主义道路，世界对中国的理解尚需时日。加之，冷战残余意识形态的隔阂，影响了西方政治力量和媒体对中国的正确观察，以至于在国际舆论中中国的形象与中国的实际严重不符，这就构成了中国开拓公共外交的迫切性和重要性的理由。

中国公共外交的基本任务是向世界说明真实的中国，尽量全面地提供关于中国的信息，并增加透明度。由于世界上的人们对中国的历史、文化并不存在重大误解和争论，因而向世界说明中国的重点是中国的发展和变化的方向，这也是受到国际社会高度关注的问题。

中国国务院总理温家宝2010年9月23日在纽约联合国总部出席第65届联合国大会一般性辩论，发表了题为《认识一个真实的中国》的讲话。[①]

他指出，中国国内生产总值位居世界第三[②]，但人均水平较低，只

---

① 参见新华社联合国2010年9月23日电。

② 当时尚未能正式确认中国的国内生产总值为世界第二位。

相当于发达国家的十分之一左右。中国经济已保持30多年的快速增长，但进一步发展受到能源、资源和环境的制约。中国若干重要产品产量位居世界前列，但总体上仍处于全球产业链的低端。中国已经成为国际贸易大国，但出口产品技术含量和附加值低，核心技术仍然大量依赖进口。中国沿海地区和一些大中城市呈现现代化的繁荣，但中西部和广大农村的不少地区仍然相当落后，还有1.5亿人口生活在联合国设定的贫困线之下。中国民生有了很大改善，但社会保障体系不健全，就业压力很大。中国社会政治生活日趋活跃，公民基本权利得到较好的维护，但民主法制还不够健全，社会不公和贪污腐败等问题依然存在。

“中国现代化走到今天，先进落后并存，新旧矛盾交织，面临诸多前所未有的挑战。中国仍然处于社会主义初级阶段，仍然属于发展中国家。这就是我们的基本国情，这就是一个真实的中国。”

“中国将坚定不移地走和平发展道路。和平发展的精髓是什么？就是争取和平的国际环境来发展自己，又以自己的发展来促进世界的和平。这也是中国特色社会主义的题中应有之义。”

温家宝说，中国将继续寻求和扩大同世界各国的利益交汇点。中国的发展，不会损害任何人，也不会威胁任何人。中国绝不走“国强必霸”的路子。中国讲友好，也讲原则。在涉及主权、领土完整等问题上，中国决不退让，决不妥协。中国坚定不移地支持联合国在国际事务中发挥主导作用。中国永远是发展中国家的好伙伴、好兄弟。

二、向世界说明真实的中国

向世界说明中国的能力是中国的“软力量”之一，是中国综合国力的重要组成部分。随着我国对外开放的不断扩大和国际交往的日益频繁，对外传播，向世界说明中国的机会也日益增多。

“对外传播”与“对外宣传”在中文并无大区别，唯因“宣传”一词在英文中（propaganda）有贬义，所以“对外传播”逐渐多用了起来，其内涵也不断有所革新。对外传播的任务是向世界说明中国的真实国情——政治、经济、文化、军事等各方面的发展和对内对外政策，也要说明存在的问题和解决的办法或方向。可见，对外传播是公共外交的重要组成部分。对外传播主要依靠的力量是报纸、广播、电视、杂志、图书、网络等媒体，甚或电影、音乐、戏剧、绘画等艺术。在传统的对外传播中，外国公众是这些力量的受众，在大多情况下是单向的传播。中国进入改革开放时代以来，对外传播也同时在改革中取得了长足进步，向着加强中外对话的方式扩展。传播的主题和参与对外传播的主体也在逐渐扩大。

对外表达中国不只是外交、宣传、文化等专业部门和专业人士的事，从广义上讲应该是政府各部门、民间组织、社会团体，也是每个中国公民的责任和义务。没有全民的参与，表达中国的力量将是苍白的。在全民参与中，对外表达和沟通的内容与形式也会进步。

应该看到，虽然尚有诸多不足，但我们已经具备做好对外传播与沟通工作的许多有利条件：综合国力持续增强，国际地位不断提高，国际社会对中国的信息需求相应增加；国家在对外传播与沟通方面的投入有所增加；我们在多年的对外传播工作实践中积累了相当的经验。

（一）对外传播的原则

对外传播时，要把自己的传播目标和受众的需求、兴趣相结合，有的放矢；要使用外国人听得懂的表达方式，切忌简单生硬和口号式的说教；要随时记着对外传播的受众是外国人，要明白对内和对外的传播的表达方式有不同的规律；在对外传播工作的方式方法上有所突破和创新，才会有好的效果。

- 刻意打扮适得其反

树立形象不能像艺术家的雕塑过程，不可能脱离现实去构建形象，一个人如此，一个国家也是如此。不切实际的传播，往往会事与愿违，反而降低了可信度。邓小平同志曾经告诫我们，宣传中国的成绩，不要把话说得过满，要留有余地；不要说得过于绝对，要实事求是地评价中国。他说，中国“底子薄，人口多，耕地少”，“中国是个大国，又是个小国。所谓大国就是人多，土地面积大。所谓小国就是中国还是发展中国家，还比较穷”[①]。邓小平同志的这些思想和对国情认识的基本原则，对于指导我们做好对外传播工作具有极其重要的意义。

在对外传播中，如果像是要会见陌生的新客人，浓妆重彩地打扮，会让人看起来不舒服。英国著名作家、中英了解协会主席菲利克斯·格

---

① 《邓小平文选》，1版，第3卷，94页，北京，人民出版社，1993。

林在与新华社记者座谈时曾说过，中国的现实本身就是很精彩的，你们不要在写作中刻意地去打扮她，不要那样做。比如外宾去看中国的孩子们，你们不必把孩子打扮一下再让客人去看，中国的孩子本身就是很美好的。美国金融家、作家罗伯特·劳伦斯·库恩博士（Robert Lawrence Kuhn）也曾对我说，百分之百地宣传正面的东西，美国受众的相信率为零；而好的坏的都说，就会实现零的突破，就会有一些人开始相信。这些外国朋友，非常了解国外受众的思维习惯、欣赏习惯，从他们自身的感受出发，提出这些善意的忠告，很有借鉴意义。库恩博士在《中国 30 年：人类社会的一次伟大变迁》[①] 一书中，从西方人的视角描绘了正在发生巨变的中国。作为一名学者、科学家、金融家、作家和电视人，库恩博士深刻地挖掘、直率地评论了中国的发展及其存在的问题，并归纳了中国改革过程中的四个指导性原则。这本书也让我们更多地了解到了外国作者在描写中国时的思维方式和语言习惯。

> **中国的现实本身就是很精彩的，你们不要在写作中刻意地去打扮她。**

我们对外传播的目的是把中国真实的情况告诉外国人。只有让外国人了解一个真正的中国，才能帮助他们走出由道听途说产生的想象和增加抵抗“妖魔化”中国的影响。

● 苹果比维生素片好吃

我们所说的实效，就是外国人对我们的表达能理解，乃至能够有所

① ［美］罗伯特·劳伦斯·库恩：《中国 30 年：人类社会的一次伟大变迁》，上海，上海人民出版社，2008。

接受。对外传播的内容、形式与技巧要为实际效果而设计和施行。

本来任何国家的对外传播都讲究政治性——提升本国在外国公众心中的形象，但如果把讲政治理解为只是多说政治词汇，那是片面的。填满政治词汇的一篇文章、一本书或一部对外的影视片，一开头就让外国人存有戒心，那就已经失败了一半。从某种意义上说，少用政治词汇，多体现政治效果，才是真正讲政治的对外传播。比如，我们在巴黎举办的文化周，在美国举办的“中华文化美国行”活动，都是以文化为切入点，我们的几个演说没有用外国人难懂的政治词汇，但都让外国人切实感受到了中国文化和社会的发展，起到很好的政治效果。

在对外传播中，要多讲中国故事——中国的发展实际、中国人的生活。如果我们要表达的核心内容是中国社会主义特色的话，它相当于是维生素 C，它本来是在苹果里的，这个“苹果”就是中国的社会现实和相关的故事。那么，与其给外国人维生素片，不如给他们原生态的苹果，即由他们去体会中国的社会主义本质，给他们消化和体会的余地。这样，讲故事的和听故事的就都会处于轻松愉快的境界中。

“苹果”就是中国的社会现实和相关的故事。与其给外国人维生素片，不如给他们原生态的苹果，由他们自己去体会中国的社会主义本质。

● 报道突发事件要争分夺秒

对外传播要主动表达，减少被动解释。对外传播是一项争取国际理解、赢得人心的工作。在工作日程中，要把握有利时机，主动作为。

因为人们往往有“先入为主”的习惯，后来发布的消息即使被关注也很难被相信。尤其是对于突发事件而言，信息发布越早越好。一方面，对公众有所交代是政府和媒体的责任，另一方面，如果没有真实信息的及时发布，则会给谣言提供滋生的机会，非常容易引起社会的混乱。要记住这样的事实：你不讲故事，如果别人先讲了假故事，你再讲真故事，那么，依照人们“先入为主”的习惯，你的真故事也未必能战胜人家的假故事。

你不讲故事，如果别人先讲了假故事，你再讲真故事，那么，依照人们“先入为主”的习惯，你的真故事也未必能战胜人家的假故事。

在突发事件的报道和辟谣时，要积极争取有关部门的协调配合，尽快掌握事实，力争先发表事实，稳健地公布原因，从而影响国际舆论。凡涉华报道，要促成国际舆论尊重我们提供的事实，以改变被动性的解释较多的状况。

2008 年“汶川大地震”发生后，中国媒体进行了迅速、透明、准确的报道，不仅及时公布了灾情和相关救援情况，而且还将每天发生的感人故事告之公众，被世界公认为突发事件报道的成功范例。事实证明，多元、及时的表达，有助于社会进步。

● 选题要精准

对外传播不能简单地以传播者为本位，而要切合受众实际，考虑受众的真正需求，通过座谈会、调研等形式深入调查，以可靠的实证材料作为选题的根据。

北京奥运会筹备期间，我们的对外传播就经历了从最初信息供需“错位”到逐渐调整至合理状态的过程。

案例　北京奥运与公共外交

2007年4月至8月，全国政协外事委员会曾以“北京奥运与公众外交”为主题，针对2008年北京奥运会的筹备情况进行了专题调研。调研组还吸收了中国人民大学、清华大学相关领域的学者，也借鉴了来自这两所大学的调查数据和研究成果，针对奥运会前我国的信息表达和海外公众的信息需求之间的“供求错位”提出了建议。

中国人民大学的研究数据显示，海外公众在北京奥运期间来华的主要目的是“旅游观光、体验中国文化”，观看体育赛事只是其中目的之一。文化要素在海外公众对中国国家形象要素的排序中位列第一。这一调查结果与前几届奥运会主办城市的经验也是一致的。

该研究还发现，海外公众在北京奥运期间最想接近的几个中国人群体类型分别为普通市民（33.5%）、大学生（16.6%）和专家学者（9%）；而位于后三位的是演艺明星（2%）、运动员（3%）和政府官员（4%）。对于数十万海外来华公众而言，北京的市民阶层和他们的生活状态，才是他们最关注的（即便不是特意关注但也是必然会直接接触的“中国面孔”）。同时，参与奥运报道的三万多名海外记者，除了少量在运动场内从事赛事报道外，大部分记者的注意力也都将聚焦“民间”，对之进行观察、解读和报道。

然而，奥运会筹备期间我国主流媒体奥运报道的焦点却集中在了政府官员与奥运相关的活动上，这说明我们媒体的表达与受众的期望之间存在明显差距。

因此，当时我们提出如下建议并得到有关部门的重视和积极采纳：借鉴汉城、亚特兰大、悉尼、雅典等历届奥运会“让市民唱主角、让公众做外交"的普遍经验，在北京奥运前和进行期间多策划、组织丰富的市民活动，搭建立体化的市民参与舞台；政府做好组织管理、资源布局、安全保障等"分内"之事，而非包揽新闻栏目的绝大部分；让公众成为国家形象、北京形象的表达者，通过媒体使其成为文化体验和文化交流的主体。

此外，在调研中，北京奥组委、主要媒体负责人都谈到一个共同的问题：要以北京奥运作为改善和传播国家形象的好契机，而重中之重在于传播"文化中国"的形象。

但我们注意到，当时北京奥运"三大理念"的信息传播格局明显失衡，"绿色奥运"所占比重最高（55%），"人文奥运"（26%）与"科技奥运"（19%）相对偏低。换言之，有关环境、场馆、交通等硬件方面的建设和投入占据主要"信息流"，而人文信息彰显不足。事实上，由于历史的、政治的和"言说的身份"等原因，多年来，中国政府对外传播的信息主要集中在经济建设成就、民主法制建设成就等层面，对中国文化的表达相对不足，而且即使表达了，也主要是中国的传统文化。对此，我们当时提出了对有关中国文化的议题进一步周密设置的建议。

通过以上案例可以看出，我们在对外传播中，应把受众放在重要位置，否则可能"供需不对路"，行动上"南辕北辙"，效果自然不会很好。

● 语言生动才能有效传播国家形象

> **生动的故事往往离真理很近。故事容易说服人，也容易被人记住。**

生动的故事往往离真理很近。佛经和《圣经》里这样的故事很多，这些故事体现了教义，容易说服人，也容易被人记住。而如果我们用理论来说明伊索寓言里“农夫和蛇”这个故事所表达的道理，则很可能会事倍功半。对于传播国家形象也是一样，如果我们不能向公众生动地讲出自己的故事，就无法感动公众，也就无法传达自己的思想，甚至还会引起误解。

约翰·奈斯比特（John Naisbitt）说他多年前在见到江总书记时曾说：“台湾很小、故事很少，但故事讲得生动；中国大陆很大、故事很多，但故事却讲得不好。”江总书记说，“你怎么不来讲这个故事呢？”奈斯比特当时回答说他还没有一个很明确的想法。后来，他想好了，写了一本《中国大趋势》来讲中国的故事[①]，分析总结了支撑中国新的社会经济体制的八大支柱。

我们应当反思，为什么我们用自己的语言讲自己的故事、翻译成外文却无法有效地传播？在对外表达的时候，我们往往习惯于说很多的政策、原则和数字，而缺少生动的故事，这是其中最为重要的原因之一。一位外国驻华大使曾对我说，在中国他接触过许多官员，但似乎从基层到较高层官员，说话的口径、方式都几乎一样，不够生动，因而难以说服和感动人。

今天的中国，时时都在产生新的故事，每一个场景，每一次变迁，每一个人物，都是中国故事的素材，我们有理由也有责任把中国表达得丰富多彩。

---

① 参见［美］约翰·奈斯比特、［奥］多丽丝·奈斯比特：《中国大趋势》，长春，吉林出版集团；北京，中华工商联合出版社，2009。

（二）对外传播的姿态——"理直气和"

一般说，当人特别自信、特别有民族自豪感的时候，就会理直气壮。交流的艺术，有一个比"理直气壮"更美好的境界，那就是"理直气和"。理直气壮在心，"理直气和"在表。如果说理直气壮是自信，那么"理直气和"就是自信加从容。

> **交流的艺术，有一个比"理直气壮"更美好的境界，那就是"理直气和"。**
>
> **如果说理直气壮是自信，那么理直气和就是自信加从容。**

1999年，我在主持驳美国《考克斯报告》的新闻发布会时，谈到这份报告暴露了严重的种族歧视，有位记者问我为什么这么说，根据是什么。我回答说："美国掌握先进的核弹头技术，共做了1 030次试验，中国只做了45次就掌握了。《考克斯报告》中说，为什么会这样，必定是'偷'了美国的技术。在考克斯先生看来，中国人不可能那样聪明，只能是靠'偷'。这不是种族歧视吗？没有经过美国的法律程序，考克斯先生就指名道姓、武断地说某位有中国血统的美国科学家是间谍或有间谍嫌疑，这不是种族歧视吗？"

还有一次，当美国记者问到美国"误炸"中国驻南斯拉夫使馆时，我说："皮克林先生解释说美军误用了3张地图，都是旧地图，正确的一张也没有用……除了使用旧地图以外，皮克林先生还说，还有一系列的因素导致这次中国使馆被炸……按美国的说法，发生错误的概率是偶然的。比如掷'骰子'，6面之中出现某一面的概率是1/6，用3张旧地图就是3个‘骰子’同时出现一个面，这种概率是1/216。再加上其他十几个错误，就是十几个‘骰子’同时出现了同一面！概率论告诉我们，这种可能几乎是零。”

这两次问答之间，围绕的都是非常重大、敏感的问题，但是因为我们有确凿的证据、充分的理由，因而回答起来平和、自信、从容，理直气壮在心，理直气“和”在表！从这两个例子可以看出，不管是国家间的对话还是个人之间的交流，说道理一定要有依据。有了依据，加之逻辑严密，心底踏实，娓娓道来，自然“理直气和”，并不会因此缺少气势，反而能更显出语言背后的巨大“潜能”。

第五章

地区对国家整体形象的贡献

国家形象如果是一本相册，那么各地区的形象就是相册的各页，对于读者来说，阅读的单页越多，对国家形象的认知就越完整。对于外国人来说，大多只能通过一个或几个地区、城市来认识中国，甚至会将自己对中国某个地方的知识、经验或印象当做中国的形象，因而，地区对于国家整体形象的传播有着不可替代的作用，也肩负着公共外交的重要责任。

一、地区承担着国家的公共外交的责任

经常会遇到这样的情况：当向外国人介绍中国改革开放的情况时，若只论述一些笼统的道理，他们可能仍不了然，但介绍中国深圳等经济

特区的具体政策和发展，他们就能明白许多；当介绍中国沿海开放建设的成绩时，如果只是介绍一些宏观的发展数据和政策，给外国人的印象并不够深刻，但当具体介绍上海浦东陆家嘴地区从一个简陋的旧街区发展成高楼林立、生机盎然的金融贸易区时，外国人就会深感兴趣；当向外国人介绍中国的文明历史时，只是说中国是一个具有五千年历史的文明古国，有灿烂的文化，悠久的历史，外国人也得不出深刻印象，但具体介绍北京的故宫、八达岭长城、西安的秦兵马俑时，外国人却会自然而然地产生对中国文明历史的崇敬。

这些例子告诉我们，鲜活丰满的国家形象有赖于一个个真实而具体的地方形象，在国家的公共外交整体中，区域承担着极其重要的责任。我们今天的区域对外传播，是在当今世界经济全球化和现代科学技术不断发展的大趋势下进行的，随着区域经济、社会的不断发展，外国公众了解中国需求的逐渐增加，区域传播一定会为中国整体对外传播做出更大的贡献。

（一）地区公共外交的渠道

地区开展公共外交的一个主渠道是国际友好城市活动，它包括了地方政府的“外事活动”（为与中央政府的外交活动相区别，地方政府的对外交往一般称为“外事活动”）和地方公众参加的公共外交活动。国际友好城市活动已成为中国地方和城市对外交往的主要渠道，成为中国同有关国家双边关系的重要组成部分。几十年来，中国已与 126 个国家建立了 1 717 对友好省州城市关系，并从最初的双边合作发展到多边合作，合作内容也从政治、经贸拓展到文化、教育、人才、城市建设、环境保护等诸多领域，有力地促进了各国城市间的政治、经济、文化等领域的交流与合作，加强了不同国家人民之间的了解与友谊。[1]

此外，中国的许多省市都有连续举行有地方特色的国际性文化节、交易会和国际论坛等活动的惯例，并且还常常与中央部委等联合主办。这些活动的成功举办会使地方和国家形象同时获得提升。兹举以下三例：

由中华人民共和国商务部和广东省人民政府主办，创办于1957年的中国进出口商品交易会（也称“广交会”），每年春秋两季在广州举办，是中国目前历史最长、层次最高、规模最大、商品种类最全、到会客商最多、成交效果最好的综合性国际贸易盛会。

由中国国家广播电影电视总局和上海市人民政府主办，创办于1993年的上海国际电影节，创办第二年就获得国际电影制片人协会的认证，成为世界著名的九大国际A类电影节（非专门类竞赛型电影节）之一，不仅是国内最为重要的电影界盛会，也成为国际电影界关注的焦点，被誉为“亚洲第一红毯”。

由中国和东盟10国经贸主管部门及东盟秘书处共同主办，广西壮族自治区人民政府承办的创办于2004年的“中国—东盟博览会”（也称“南博会”），是国家级、国际性经贸交流盛会，每年在广西南宁举办。南博会以“促进中国—东盟自由贸易区建设、共享合作与发展机遇”为宗旨，涵盖商品贸易、投资合作和服务贸易三大内容，是中国与东盟扩大商贸合作的新平台。

---

① 参见新华社2010年9月8日消息《中国已与126个国家建立了1 717对友好省州城市关系》（记者吴宇 王宇丹）。

另外，地区承办的大型国际赛事，如奥运会、亚运会和东亚运动会等等，更是对表达国家形象的重大贡献。

还有一点，各地长期以来一直在做的一件事情值得一提。多年前，有的地区曾制作了许多介绍本地文化、经济等情况的外文图书、画册，通过我国驻外机构进行散发，同时也向来访问本地政府的外国人发放。在此过程中，一度忽略了来本地区旅游或从事经贸活动的外国人，以至于他们身在中国却得不到适合的信息。为此，各省市发起了“灯下亮”活动，即利用各种场合和机会向来访的外国人提供外语资料，一方面使他们得到日常所需的基本信息，另一方面也很好地向他们介绍了本地特色、传播了中国形象。

（二）地区突发事件应对：为国家形象加分还是减分

地区对外传播的一个很重要的方面就是地方政府对当地发生的公共突发事件的应对和处理。发生于一个地区的公共突发事件常常能引起国际社会的广泛关注，在这个意义上，地方政府负有公共外交的责任，其应对和处理公共突发事件的行为中包含了公共外交的性质，也有学者称为“突发事件的公共外交”①。在很多时候，地方政府往往是公共突发事件特别是危机事件的第一责任人，政府处理突发事件的能力和水平不仅关乎地方政府形象，也关乎国家形象。

面对突发事件，地方政府处理得当，便会化解危机，并展示了区域的积极形象，为国家形象加分；反之，则会恶化危机，损害区域形象，

① 张九桓：《公共外交的春天》，载《公共外交季刊》，2011年春季刊。

为国家形象减分。

面对当地发生的突发事件，地方政府处理得当，便会化解危机，并展示了区域的积极形象，为国家形象加分。

2008年11月爆发的重庆“出租车罢运”事件便是典型的化“危机”为“机会”的案例。11月3日7点左右，重庆主城区出租车司机全城罢工，市民出行困难。面对这一危机，重庆市政府积极展开应对：事发上午便主动邀请媒体记者参加新闻吹风会，上午10点新华社便发布系列报道；下午4点半举行正式新闻发布会，向社会公布停运原因及政府措施；事发第三天，市委书记薄熙来与出租车司机、市民代表召开座谈会，与他们进行面对面的、拉家常式的对话，同时进行现场电视直播。重庆市政府这种及时主动、公开透明的人性化沟通取得了双重效果：罢运事件以平和的方式结束；自信、透明、负责的阳光政府形象深入人心。

与此形成鲜明对照的是2009年发生的湖北“石首事件”。对于酒店厨师涂远高的非正常死亡，面对死者家属及公众舆论的质疑，当地政府不是及时回应，而是采取了“断电”、“断网”等措施封锁消息，回避媒体采访。事发三天后，政府才在官方网站上发布短短数百字的消息——《我市发生一起非正常死亡事件》，语焉不详，令人费解。与此同时，混杂着事实和谣言的各种信息在网络上迅速传播。当地政府面对危机的迟缓反应、封锁手段最终导致危机恶化，数万名群众围观，与消防队员和警察发生冲突，结果民心丧失，政府形象受损。

危机事件之所以连连出现，与一些政府部门长久以来形成的错误公关观念有关。当危机出现时，一些政府部门习惯于沉默和封锁消息，习惯于躲避或控制媒体，习惯于官本位思维、动辄就将政府放在与民众对立的位置上……如果这种传统的、错误的政府公关观念不能与时俱进、调整转变的话，更多的“石首事件”悲剧还将不断重演，再多的危机管理策略和技巧也将失效。因为，正确的公关观念是“道”，策略和技巧只是“术”，如果“道”错了，再好的“术”也无用。

2005 年发生在哈尔滨的水污染事件就反映了某些地方政府处理危机事件的习惯性思维及其隐患。在水污染事件发生初期，当地政府因为担心引起群众恐慌，而一再对媒体和公众隐瞒实情，结果，这“善意的谎言”却事与愿违，反而加剧了恐慌情绪的蔓延；在纠正了“善意的谎言”，将实情公之于众后，市民的恐慌情绪才在一定程度上得到缓解，但政府的公信力还是呈缓慢下滑趋势。

处理危机事件的经验极为宝贵。同样是东北，两年后吉林省发生的另一起水污染事件的处理方式就有了较大的进步，也取得了较好的社会效果。2007 年 7 月 28 日，吉林省永吉县境内发生特大洪水，永吉县经济开发区新亚强化工厂 7 000 只装有三甲基一氯硅烷的桶被洪水冲入松花江。事件发生后，吉林省当天公布险情。省政府迅速采取有力措施，在松花江沿途设置 8 道防线进行拦截。吉化公司派出 200 多人组成的专业抢险队伍参加打捞，使一场社会危机平安渡过。

而在 2009 年河南杞县“钴 60 泄漏事件”中，地方政府公关观念上的局限再次暴露。2009 年 7 月，当地一辐照厂发生“卡源”故障，许多群众在谣言的影响下普遍认为“发生了泄漏事故的放射源将要爆炸”，在此情况下，当地政府却吞吞吐吐，没有做出及时、权威的表态，结果让谣言跑到了真相前面。随之造成大量公众认为传言就是真相，冒着近

40度的高温酷暑，拖家带口，逃往周边县市避难，汽车、拖拉机、三轮车等车辆一度堵塞了通往周边县市的道路，形成极大的社会混乱。尽管最终政府的权威发言还是战胜了谣言，但当地政府的形象受损却已成事实。整个事件中，地方政府在危机处理中的失误无疑是造成事态难于控制的重要因素。

地方政府必须实现处理突发事件观念的转变：由封闭到开放，由拖沓到及时，由独白到对话，由内部通知到媒体公关。

以上几个案例给我们的启示是，在全球化和新媒体时代的背景下，地方政府从根本上提高危机管理水平，从公共外交的视角担负起责任，才能描绘好区域形象的“单页”，为国家形象的“相册”加分。地方政府必须实现处理突发事件观念的转变：由封闭到开放，由拖沓到及时，由独白到对话，由内部通知到媒体公关。各级地方政府都应该树立这一科学的公共关系与公共外交观念，并且将其内化到每位决策者心中，使其成为政府公共危机决策中的“程序”。

二、地区传播要特色鲜明

在地区的对外传播中，通常会出现两种倾向，一种是看不到本地区的特色，不会突出自己的优势；另一种是不以事实为主，过多地用空洞无力的形容词来描述，甚至随意编造、过分夸张。

传播资源要靠地方自己去挖掘，要基于自身不同的文化资源，在对外传播时应该因地制宜、特色鲜明，充分依靠本地的社会发展基础和历史文化资源。

中国是一个幅员辽阔、具有灿烂文化和悠久历史的国家。从文化的类别上讲，有读书文化、家庭文化、教育文化、宗教文化、饮食文化、服饰文化、旅游文化、企业文化等；从区域的角度来说，有各民族文化和地域文化，如燕赵文化、齐鲁文化、楚汉文化、江浙文化、闽粤文化、港澳台文化等，每一个地区、每一个行业都有一定的文化传统和特色，这些都是对外传播极其丰富的资源。

各地都有取之不尽的资源，如各项社会进展、文化生活丰富、民族团结进步等，也许自己司空见惯了，但外国人却可能会感觉很新鲜。同时，还要注意传播对象的需求，将之与本地特点结合起来，这样对外传播的内容才能有针对性。

以山东为例。在对外传播的文化产品开发方面，山东可以把孔子等先哲的塑像作为一个重点。如同古希腊有苏格拉底、柏拉图和亚里士多德等哲人一样，中国有孔子这样的伟大人物。孔子不仅是山东的，是全中国的，而且是全世界的。我在许多国家访问时，见到当地人用很精密的模具将花岗岩石粉末和树脂调和在一起，压铸造成精致的当地名人塑像，作为旅游商品售卖，尺寸多样，形象逼真，不仅带动了旅游经济的发展，而且更为重要的是对当地的文化资源、国家形象起到了很好的推广作用。我们也可以学习这种办法，向世界提供以孔子为代表的中国哲人塑像，并借此机会将孔子的形象特征做到形神兼备的“基准化”，精心设计，制作成系列产品，以适应各种场合摆放，满足对外赠送或销售的要求，让孔子塑像展现东方哲人的智慧和风采。这样一来，可以让外国人对孔子有一个较为统一的、美好的印象。用家乡的材料，由家乡人制造，矗立在异国他乡，让世界分享中国哲人思想的光辉，这是中华文化何等骄傲的事情！

再以边境地区为例。我国有多个边境省区与邻国接壤，这些地区在对外传播方面的优势在于：边贸往来使得他们对邻国的语言、文化都比较熟悉，交往起来也就比较容易。比如：前几年内蒙古自治区电视台向蒙古提供蒙语电视剧《水浒传》，那边电视台播《水浒传》的时候，收视率很高。据说，《好汉歌》很适合用蒙语来唱。

此外值得注意的是，在对外传播时不宜以过多的分量去讲解那些连绝大多数中国人也不知道的特异文化现象，尤其是那些以今天的眼光看已经是落后的文化，以防止外国受众以偏赅全，进而形成误会。

三、对外传播区域经济发展的成果

在经济全球化和科技迅速发展的当今世界，西方发达国家和新兴工业国家，包括它们的地区和城市，都非常重视对自己经济形象的塑造和宣传。美国的媒体在报道中经常宣传它们的经济实力，把自己塑造成世界上无与伦比的经济强国；欧盟各国媒体在报道中，经常将其世界政治、经济格局中一极的实力作为主要宣传内容；日本经常对外宣传其贸易大国、世界上几个大债权国之一的经济地位；韩国、新加坡、巴西及其他发展速度快的国家，不论是政府官员，还是媒体，经常也把它们的经济发展速度作为对外宣传的主题；世界一些著名的城市，纽约、伦敦、巴黎、东京，在对外宣传中特别突出其在世界上作为金融、贸易中心及现代化高度发达的大都市的形象。

改革开放以来，我国各地媒体对本地区的经济社会的报道也卓有成效。比如，南方当地媒体对深圳、珠海、汕头、厦门和海南等经济特区的报道，广东省对本省以“广交会”为标志的贸易大省地位的相关报道，上海对浦东经济开发区和对上海作为金融中心、中国现代化工业城市的报道，天津对滨海新区后来居上的发展成果的报道，以及我国中西部和东北的地方媒体对实施西部大开发、振兴东北、中部崛起的战略意义和相关进展的报道。这些宣传报道往往比中央媒体报道的数量大，而且也往往更加生动和细腻，不仅较好地树立了本省、本地区的形象，同时也使外国公众从中真正感受到了有中国特色的社会主义现代化建设的生机和活力。

第六章

以文化为基础开展对外传播

对外传播是公共外交的主要方式，而所有的公共外交活动都具有跨文化属性。文化是在人类进化发展过程中共同形成、发展而来的，它有一定的继承性和共同性；但是，由于历史、民族和地域的差异，文化又具有相当的特异性。虽然跨文化交流有语言、价值观、历史传统方面的限制，但实践证明，以文化为基础开展公共外交是加强相互理解的一种极其有效的方式。

由于中国语言、历史和文化的独特性，我们和其他国家，尤其是和西方国家的文化存在很多差异，这为世界了解中国和中国了解世界都造成了障碍与困难，进而给当代中国的公共外交提出了新的课题。

一、文化是人类一切领域的 DNA

人类只要存在，就与文化共生。国家间任何领域的交流都包含着文化元素。随着经济全球化趋势不断增强，世界各国的交往越来越广泛和深入，文化因素在其中的作用越来越突出。文化的影响不仅表现在文化交往本身，政治、经济合作以及民间交往也无不含有文化元素。文化上的相互理解，构成一切方面相互理解的基础和桥梁。反之，文化的差异和误解也会造成交往的障碍。可以说，文化是人类一切领域的DNA。

文化是人类一切领域的DNA。文化的影响不仅表现在文化交往本身，政治、经济合作以及民间交往也无不含有文化元素。文化上的相互理解，构成一切方面相互理解的基础和桥梁。

以“尊重差异、包容多样”的原则对待人类文化，符合全人类的根本利益。积极地对待文化差异，尊重文化的多样性，善于进行跨文化的沟通，有利于我们把文化的差异当作互补、互学、共同繁荣的资源。反之，如果将此种文化强加于彼种文化，就会产生文化的悲剧，这已被人类的历史和现实反复验证。

二、文化的差异性普遍存在

人类文化的多样性是一个重要的，甚至是永恒的课题——人类只要存在就与文化共存。文化的“多样性”是一种客观存在。不同的民族、不同的国家，在漫长的历史发展过程中，逐渐形成了不同的文化类型，这就是文化的“多样性”。无论是已经成为历史的文化，还是正在产生的文化，抑或是不断发生重大变革的文化，每一种都是经过历史的选择并结合各民族的意愿形成的，这如同生物物种的多样性是大自然选择的结果一样。可以说，即使是在经济全球化迅速发展的情况下，文化的多样性仍旧是当今世界的一个基本特征，并依然是人类社会继续存在和发展的方式。

每一种文化都有着漫长的形成过程，并与各自的宗教、哲学传统有着深刻而复杂的关系。梁漱溟先生曾详细比较了西方（西洋）、中国和印度在宗教、哲学方面的诸多异同之处（见表6—1），对我们认识文化的多样性很有启迪。

表6—1　　西洋、中国与印度三方思想情势简表（梁漱溟，1921年）

<table>
<tr><th colspan="2">目别</th><th>西洋方面</th><th>中国方面</th><th>印度方面</th></tr>
<tr><td colspan="2">宗教</td><td>初于思想甚有势力，后遭批评失势，自身逐渐变化以应时需。</td><td>素淡于此，后模仿它方，关系亦泛。</td><td>占思想之全部，势力且始终不坠，亦无变化。</td></tr>
<tr><td rowspan="3">哲学</td><td>形而之上部</td><td>初盛后遭批评，几至路绝，今犹在失势觅路中。</td><td>自成一种，与西洋印度者全非一物，势力甚普，且一成不变。</td><td>与西洋为同物，但研究之动机不同，随着宗教甚盛，且不变动。</td></tr>
<tr><td>知识之部</td><td>当其盛时，掩盖一切，为哲学之中心问题。</td><td>绝少注意，几可以说没有。</td><td>有研究，且颇细，但不盛。</td></tr>
<tr><td>人生之部</td><td>不及前二部之盛，又粗浅。</td><td>最盛且微妙，与其形而上学相连，占中国哲学之全部。</td><td>归入宗教，几舍宗教别无人生思想，因此伦理念薄。</td></tr>
</table>

资料来源：梁漱溟：《东西文化及其哲学》，71页，上海，上海人民出版社，2006。

文化没有人为的统一标准或模式，不能像世界贸易组织那样制定众多国家公认的“规则”。我们不能要求一个普遍使用人力种植的农业国家在几年之间实现农业生产机械化；不能要求一个电脑还是珍稀之物的国家在几个月之间普及互联网；不能用一个国家的法律体系去替代另一个国家的法律；更不可能让信仰某一宗教的民族，整体地转变他们的信仰。文化是信仰、价值观和思维方式，也是生活方式。它不是机器，不是计算机，不能随意地靠变换操作规则或者输入另一种程序来运行。

三、文化差异造成传播障碍

教育背景的差异、思维方式的差异、语言表达的差异、宗教观的差异，都是文化的差异。当这些差异出现在跨文化交流的过程中时，会表现为语言、表达方式的障碍，进而造成交流、传播、理解和合作的障碍。

> **中国无宗教信仰的人并非没有信仰，他们有承载于几千年传统文化中的“文化信仰”，中国人的文化信仰中没有一个排他性的神的存在，因而，中国人对各种宗教也没有明显的排斥性。**

以宗教信仰的差异为例，当今世界上有81%的人自称有宗教信仰，而13亿中国人中信教者只有约1亿到2亿人（也有许多人信佛，但不认为自己是佛教徒），一些外国信教者据此认为中国人不想天堂，不怕地狱，所以对自己的行为也会无所顾忌。这当然是一种误解，实际上，中国无宗教信仰的人并非没有信仰，他们有承载于几千年传统文化中的“文化信仰”，中国人的文化信仰中没有一个排他性的神的存在，因而，中国人对各种宗教也没有明显的排斥性。中国人的文化信仰表现在“和”的精神中，表现在“仁义礼智信”的信条中，“吾日三省吾身”，反省的内容之一就是与朋友交往是否诚信。正是由于中国人坚守着自己的信仰，才使中国文化和文明几千年来没有中断。文化信仰和宗教信仰有许多相通之处，并不存在着绝对的对立。

在语言障碍方面，中国语言文字的特殊性使得中国人对外交流的语言障碍比起西方各国人之间的交流来说要严重。中文是使用者最多的语言文字，但使用的国家却不多。比起英语、法语、德语、西班牙语，中文很独特，翻译存在的困难是明显的。译者不但要精通某种外语，还要通过想象将自己置身于说话人（或作者）的社会生活环境中，理解他们的文化和所表达内容的背景，同时还要考虑到译文受众的社会生活环境和文化背景，否则，就难免出现“格义”现象——主观、片面地按照自己的文化背景来解释和理解对方的语义，从而“修订”了外国文化。比如唐朝以前，在翻译外来的佛经时就曾按儒学和黄老思想对之做了“格义”。在现代的翻译过程中，如不警觉，也会发生新的“格义”现象。这一道理对于外国人翻译中文也是同样适用的。

交流中表达习惯的不同，也常常会给不同文化背景的人带来交流障碍。因为习惯于“中国式”的表达，我们往往缺乏适合外国受众需求的交流方式。以社交礼仪为例，如果不了解交往对象的礼仪习惯，就会对双方的深入交流和信任感的建立造成障碍。再比如，在语言习惯方面，中国人一般习惯于由大及小的叙述方式，这不仅表现在写信封收信地址时的地址顺序，也表现在我们表述形势时往往会先说国际再说国内，而西方人的习惯则正好与此相反。

此外，当我们撰写针对外国读者的文章时，如果仅仅追求形式，而忽略意义的传达，对中国人惯用的专有词汇不做足够解释的话，很容易让外国人产生误会，注定难以取得好的传播效果。比如说，“中国特色社会主义市场经济”，一些外国人会认为它是特殊的、与众不同的市场经济，于是由此否认（或以之为借口不承认）中国是完全的市场经济。而实际上，世界各国市场经济都有不同。美国、日本和欧洲不同，欧洲各国也有不同。中国只是这些不同中的一个，只是在具有市场经济的共性上附加了某些中国特色，并非是“完全特殊”的市场经济。再如，我们有时说“人定胜天”，是指克服自然灾害的精神和认识自然的探索，而外国人就往往会认为中国人不尊重自然。

四、通过对话寻求“有限共识”

文化是一个民族的灵魂和生命，同承载着这种文化的民族本身相共生。在特定宗教、文化、种族和民族的背景下，固执自我和无视他人是造成傲慢、偏见和仇恨的根源。试图排斥、遏制一个民族的文化，就如同排斥、遏制一个民族一样，是与人类的和谐与共同繁荣理念相悖的。

任何文化都有它独特的精神和灵魂贯穿其中，任何主义都有它的核心信仰，任何社会都有它的核心价值观念。在不同文化相互交汇时，有交集，也有余集，既有共同之处，也有不同之处。人类在同一地球上生活就需要沟通，为在沟通中达到求同存异，就得了解“同”在何处，“异”在哪里。求同可以找到互通的基点，这很重要；了解“异”的部分，是为了宽容和尊重，这也不容忽视。在两种文化之间，追求“完全共识”是不可能的，但是通过双方的对话，来达成“有限共识”却是可期望的。正如我和美国著名神学家、布道家路易·帕罗（Luis Palau）博士共同认为的那样，科学家和神学家各有一座知识之山。他们必须友好相处，在两座山上互相打招呼，并就某些问题分享各自的经验和体会，这就是对话。[①]

任何文化都有它独特的精神和灵魂贯穿其中，不同文化有共同之处，也有不同之处。在两种文化之间，追求“完全共识”是不可能的，但是通过双方的对话，来达成“有限共识”却是可期望的。在文化的碰撞中，我们应当注意文化的互相借鉴和补充——不是在碰撞中使一种文化消失，而是在碰撞中相互吸收彼此的长处。

不同文化对话的基础是相通的哲学；对话的原则是坦率与诚实，“尊重差异、包容多样”；对话的目的是攒“人缘”、结“国缘”，达成共同愿景。这意味着：一方面，绝不能强求与我们处于不同文化谱系、不同意识形态、不同信仰的人接受我们的观点，而只能希望他们了解我们的观点，理解我们的真意；另一方面，

① 参见赵启正、［美］路易·帕罗：《江边对话——一位无神论者和一位基督徒的友好交流》（中文版和英文版），北京，新世界出版社，2006。国外已有英文版、西班牙文版和韩文版等。

我们对外说明和表达中国的立足点是中国立场，要坚持国格，即要做国家荣誉的坚定维护者。简言之，“有限共识”提示我们：跨文化交流是面向不同语言、不同文化背景、不同意识形态的人群来表达中国的立场、观念和故事。

孔子曾把“忠恕”说成是自己全部学说“一以贯之”的精髓。后世解释“忠”是对自己信念的认真信奉，而“恕”则是对他人信念、立场的宽容与理解。这“忠”与“恕”两个方面的圆融，表达出一种富有智慧的人生境界，使我们学会最大限度地欣赏他者的独特性，从而将自己的信念提升到一个更高、更自觉的层次。

对于文化的冲突和融合，应该持积极和乐观的态度。在文化的碰撞中，我们应当注意文化的互相借鉴和补充——不是在碰撞中使一种文化消失，而是在碰撞中相互吸收彼此的长处。

在对外传播当中，沟通是必要的，也是可能的。这种沟通有学术的、艺术的、经济的，也有政治的，但不应当是一种文化被另一种文化同化，就如同美国和印第安人的文化沟通最终使印第安文化几乎消失了一样。对于中国而言，我们一方面要吸收和引进西方先进的东西，同时又要避免盲目地西化。盲目西化，将使我们失去中国传统文化的精髓，乃至部分地失去自我，这将最终导致东西方文化激烈冲突，从而阻碍民族和社会的进步。至于全盘西化，不仅理论上说不通，实践上也绝无可能。

以人权问题为例。人权的实现是一个与社会的文明进步密切相关且不断发展的过程。各国的经济发展水平和历史文化背景不尽相同，自然而然地会采取不同的发展道路和人权模式。企求世界各国都采用同一种发展模式、同一种人权模式，是不符合人类发展规律的，也是背离人权基本精神的。中国与西方在人权问题上的确有很大分歧，但这种分歧不应该成为对抗的理由和沟通的障碍，相反，应该成为加强沟通、互相借鉴的动力。

五、以文化中的共性弥合差异

文化因多元而呈现差异，但文化间的差异性与共性是同时存在的。人类社会之所以能够实现多元文化和谐共存，是因为各种文化都是人类所共有的财富，都或多或少地存在着共性。人类的共性，是不同文化存在着某些共性的基础——任何文化都包含着人与人之间的爱与宽容、对幸福的追求和对人类的终极关切（ultimate concern，也译为“终极关怀”）。只不过，神学家认为终极关切只能由宗教信仰来回答，而无神论者认为这只能寄希望于科学的进步逐步去探求。再比如，基督教文明讲“博爱”、“爱人如己”，甚至“爱你的敌人”；伊斯兰教义中说，“你觉得什么是痛苦，就该想到这对所有人来说都是痛苦”；中国儒家则讲“仁者爱人”，“己所不欲，勿施于人”，“己欲立而立人，己欲达而达人”。可见，

> **文明之间的共性与差异性是同时存在的。共性是弥合差异的基础，差异又促生了进一步沟通的动力。**

各种文化在深层结构中存在着共性，也正因为如此，不同文化之间存在着相互理解的基础和实现对话的可能。

共性是弥合差异的基础，差异又促生了进一步沟通的动力。正如人与人之间的沟通有时是为了达成谅解，国与国之间的沟通也是为了相互理解彼此之间的差异性，进而实现更多的共识。跨文化的交流首先是为了让不同文化之间的人彼此产生好感，而且是通过基于各自文化的方式来表达真实的观点，以之来争取别人的理解、尊重和认同。绝不应该企图——其实是不可实现的，以自己的文化去同化或置换其他的文化。

对话的过程就是实现“求同存异”的过程。我曾与美国著名的神学家、布道家路易·帕罗博士进行过三次比较深入的对话。作为多所著名神学院的博士的他和属于无神论者范畴的我，就《圣经》、儒学等哲学话题进行了真诚的交流，其中包括：《圣经》与上帝、宗教与精神、中国的宗教信仰、中西方文化与哲学、宗教与科学等等。通过对话，我们较为深入和清晰地了解了对方，达成了很多共识，也保留了很多分歧，甚至是重大的分歧。例如，我们对于上帝、今世和永恒的看法在很多方面都迥然不同，但这些分歧并没有妨碍我们尊重彼此和建立诚挚的友谊。我们没有“另眼看待”与自己文化有差异的对方，使得容易尖锐对立的话题变得自然流畅。

这种求同存异的对话不仅能使双方相互深入了解、达成共识，还能够使其他聆听对话的人获得广泛的背景信息从而更容易地理解对话的内容。美联社总裁兼首席执行官托马斯·柯利（Thomas Curley）曾写信说，他非常认同对话要有背景和经历，他从我与帕罗博士的对话录中了解到了很多关于中国的渊源历史和深远文化。

观察一个国家的文化，要看该国传统的文化和绝大多数人所表现出来的文化，只观察一时一事就得出结论，很容易产生片面性和误解。因而，对于某些容易引起误解的特殊事件，尤其是当误解已经发生时，我们需要及时地用事实和令人信服的语言来予以化解。这里举两个例子：

> 2002年我在德国柏林时，正遇上“9·11”事件。其后几日，在当地举行的亚太文化周的新闻发布会上，有人问：“美国‘9·11’事件之后，中国大学生在网上有很多言论庆幸美国被袭击，这是怎么回事?”
>
> 我回答说：“中国大学生有1 000多万[①]，他们都很年轻，也都富有感情。他们中多数人都喜欢上网，在获知消息的那一瞬间他们会想到中国驻南斯拉夫大使馆被美国轰炸和在中国近海美国飞机撞毁中国飞机的事情，于是话语间就有些激动，那是一种情绪的表达，而不是哲学的思考（在回答此前的一个问题时，正巧我谈到对德国哲学的钦佩和对有哲学素养的德国人的尊重）。”听众理解了，鼓掌了，哦，原来事出有因啊！——本来可能出现的误解和不满情绪因为诚恳的沟通而被化解了。

2006年9月，我在北京“中德论坛”上发表关于中德文化之间文化差异和文化交往的演讲，其中列举了大量两国人民都广为熟悉的文化现象和事件，引起了听众的共鸣。

---

① 这次新闻发布会举行于2002年，这里依据的是当时大学在校生的人数。截至2008年，中国大学本科、研究生和专科生，共计人数已逾2 100万。

案例 2006年9月，在北京"中德论坛"上的演讲片段[①]

中德两国文化交流源远流长，两国在文化交往中，相互学习，相互影响，都汲取了对方丰富的营养和精华，两国人民也结下了深厚的情谊。

德国是一个拥有悠久历史和灿烂文化的国家。长久以来，中国人主要是通过哲学、人文艺术和科学成就来认识德国的。当然，我们也必须承认，中国人和德国人的交往比起和日本人、美国人来，不仅历史途径不同（有和平的，也有残酷战争的历史），而且面对面的交往要少得多。自从中国实行改革开放政策的近三十年以来，中国人有了新机会认识德国和德国人。

前不久，德国成功举办了足球世界杯。足球堪称德国文化的共鸣箱，德国通过世界杯给世界上了20天的"德国课程"，演绎了德国文化和德国精神。上亿的中国人通过电视注视着遥远的国度，和那里的人们一起欢呼，一起紧张，一起黯然神伤。德国以富有创意的开幕式、颇具雄风的足球队、国家的自豪感和理性的自信，让世界为之瞩目。过去那种有些矜持谨慎、略显墨守成规的印象，荡然无存了。仅中国中央电视台13个频道在球赛期间就播出了290个节目。勤勉的中国电视记者不仅报道了足球赛，还大量报道了德国的风土民情。

德国是经历过民族悲痛历史的国家，然而难能可贵的是，德国更是在悲剧中觉醒的国家，对历史的深刻反省和全新的正确的历史观让世界对今日德国心生敬意。

---

① 更多的公共外交领域的演说和对话参见本书实践篇。

中国也是一个拥有自己的古老文明和灿烂文化的国度。中国文化曾对包括德国在内的许多国家产生过重要影响。康德认为，斯宾诺莎的泛神论就受到老子的影响；1697 年，莱布尼茨在其拉丁文著作《中国近事》中说："在实践哲学方面，欧洲人实不如中国人"；歌德在 1827 年同爱克曼谈话时说到，中国人在思想、行为和感情方面几乎和我们一样，使我们很快就感到他们是我们的同类人，只是在他们那里一切都比我们这里更明朗，更纯净，也更合乎道德。

历史很快穿越了从 17 世纪到 20 世纪的数百年，当时的"中国近事"早已是"中国旧事"了。现在，人们无需证明中国人和德国人是不是同类人，中国和德国每天都有许多航班从不同城市飞往对方，互联网能让两国人民零距离即时接触。但是，由于语言、地域、历史和意识形态等因素，中德两国之间毕竟还存在着许多文化上的差异，稍不留意，这些差异往往就会成为两国交流的障碍。

文化的差异，首先表现在语言方面。中文和德文都被认为是最独特和最难学的语言。瑞士作家海因里希·费德勒尔说过，德语是"茂密而神秘"的"原始森林"，"其中没有通途大道，只有阡陌小径"。而中文对只熟悉拼音文字的外国人更是难之又难。精确的中德文翻译存在明显的困难。这种困难，既有语言文字本身的，也有语言认知方面的；既有历史和文化因素，也有价值观念因素。真正的翻译，是文化的翻译；翻译中要防止把对方的文化"本国化"。如在中国古代，中国译者曾把佛经译成带有黄老色彩的中文本。往往不同译者译出的同一本书可能就像是不同的书。所以，不了解对方的文化背景，交流就会出现障碍乃至发生误会。

中国人和德国人在生活方式、思维方式和性格方面也有很大差异。德国人和中国人的现代家庭就有很多差异。德国家庭女主人多不外出工作，不但能在家中教育孩子，还把家整理得一尘不染。但中国一般都是双职工家庭，这样，中国就有很多全托幼儿园，周末才接孩子回家。德国人自然会认为，孩子跟父母在一起的时间太短，不利于孩子的成长，甚至认为这不人道。在中国，未成年孩子谈恋爱，学校和家长会很紧张并表示反对，但德国的父母一般认为孩子开始懂得爱了而为之高兴。

“德国之声”中文网有一则报道说，2006 年时值“莫扎特年”，在北威州青年交响乐团访问中国之前的一场试验演出中，乐团特别准备了中国民歌《茉莉花》和《瑶族舞曲》，《瑶族舞曲》曲终，德国观众们沸腾了，直逼得指挥五次谢幕后不得不把《瑶族舞曲》最后一个乐章再演一遍。然而《茉莉花》曲终，德国听众却保持了沉默，没有鼓掌。据说，德国听众不知道《茉莉花》曲子是不是已经结束了。

中德两国的国情不同，相互之间自然还会有很多不太理解的地方。比如，低生育率、高福利的德国，不太理解中国的计划生育政策；经济发达的德国，不太理解中国为什么把生存权和发展权放在了首位。这些都不要紧，只要沟通的渠道是畅通的，就能逐渐达到“求同存异”。两国媒体也要为此充分努力。在这方面，中国各媒体做出了积极的努力，他们有关德国的报道不仅数量大，而且友好、客观、宽容，对德国的政治和文化充分尊重。所以中国人对德国的印象是美好的。相比之下，“德国之声”有关中国的报道就往往有所歪曲，确有需要改变之处。时代要求我们，既要求同，也要允许存异。要把世界建成一个大花园，就要让百花齐放，文化的魅力正是源于它的多样性。文化交流可以超越文化差异，成为经济合作和政治交往的基础和动力。

恩格斯在《自然辩证法》导言中说：这“是一个需要巨人而且产生了巨人”的时代。恩格斯列举了达·芬奇和丢勒等科学和思想的巨人，称16世纪文艺复兴时期是一个需要巨人而且产生了巨人的时代。而我认为，在经济全球化的时代，在巨型喷气客机、卫星电视和互联网普及的时代，需要勇于跨越文化差异和缔造和谐世界的巨人。我相信，在中国、在德国，也许在世界的许多可能的地方，正在产生着这样的巨人。

数据是在任何文化之间共通的有力论据，由数据的对比来提炼出观点或者用数据说明问题，也是跨文化表达常见的方法。在一次演讲中，我提到清政府对西方列强的赔款数额，但鉴于当时的主要货币是白银，今日听众对此难有感性认识，便将清政府的赔款和当时中日两国全年的财政收入做了对比，效果很好：

> ……从1840年到1911年，各国列强都来侵略中国，共与中国签订了1 640多份不平等条约（不包括附件），涉及赔款13.7亿两白银。巨额赔款严重破坏了中国财政，大大加重了中国人民的负担。其中，1895年的《马关条约》的赔款数额是2亿两白银，相当于清政府当时的两年以上财政收入的总和，相当于日本全年收入的三倍多，其85%被日本政府充作军费，这为其后来发动侵华战争做了铺垫。[①]

① 关于中国与外国签订的不平等条约的详情可参见［美］马士（Hosea Ballou Morse）：《中华帝国对外关系史》，上海，上海书店出版社，2000。

六、中国立场，国际表达

> **“中国立场，国际表达”是指：站在中国的立场上真实地对外表达自己时，必须用国际上能理解的方式才能收到理想效果。**

缩短文化上的距离，需要表达方式上的国际化和艺术性。“中国立场，国际表达”是指：站在中国的立场上真实地对外表达自己时，必须用国际上能理解的方式才能收到理想效果。理解一个人不容易，理解一个民族就更难。颇受中国人尊敬的、法国戴高乐将军曾说过，人和人之间的距离比地球和月亮间的距离还大。① 但我们总希望世界上不同国家和民族，能够消除地理上、文化上的距离障碍，走得更近，走得更亲密。跨文化交流，是实现这一目标的路径，而表达和沟通的方式，决定了这条路径畅通与否。

外交官、新闻发言人、媒体人以及其他在国际公共场合发表言论的人士，自然是站在其国家的立场上进行对外表达，并且，作为听众的外国人也会有这样的预设。中国人的对外表达，首先是为了说明中国，说明中国的国情、政策，对外国人解疑释惑，以获得世界对中国正确的理解。值得注意的是，站在国家立场上面对外国听众说话、写文章时，虽然首要前提是维护国家的正当利益，但同时也得兼顾对方的利益。维护

① 原句的英译为：Going to the moon isn’t very far. The greatest distance we have to cover is still between us。

完全利己的利益，如“贸易保护主义”之类，既有害别国利益乃至世界利益，也损害本国形象。而形象的损失，也是一种利益的损失。此外，在国家立场上的言行，更要求实事求是，不根据事实的表态有百害而无一利。

传播艺术不像数学、物理那样，可以用无情感的、不产生歧义的语言或公式来描述，与传播相关的文学、戏剧、音乐、图画等符号系统是含有情感的。能触动人内心的情感的演说，需要以有根据的、生动的语言来形象地反映现实。在内容真实的前提下，对外传播要讲究表达艺术，才能有好的传播效果。

对于中国的对外传播而言，尤其要注意避免使用仅仅是中国人熟知，而外国人难于理解的政治术语等。未来学家约翰·奈斯比特在 2010 年的“21 世纪论坛”上说，中国人通常会谈到“有中国特色的市场经济”，除非你是中国人，否则你难以听懂这句话的意思。事实上，对于这个问题，一个相当好的说法是：中国的市场经济是在中国经济状况和中国价值观不断变化的情况下形成和发展的。但是在与西方沟通的过程中，“中国特色”如果不加详尽的解释，几乎不能或很少让人听得明白。

奈斯比特还建议，为了把中国的故事讲得更好，“中国也应该变得更加透明，欢迎更多的外国人来介绍中国，把中国的信息传递出去”[①]。外国人只要能客观地观察中国，就能接近真实地表达中国，而且，由于语言和文化背景等因素，他们的表达艺术更容易让外国受众理解。1936 年，美国记者埃德加·斯诺的《红星照耀下的中国》（《西行漫记》）就是一个成功的例子。

---

① 赵启正、［美］约翰·奈斯比特、［奥］多丽丝·奈斯比特：《对话：中国模式》，北京，新世界出版社，2010。有英文版。

第七章

跨文化传播中的话语力问题

“有无话语力”就是能否有效发出自己的声音，不仅指是否发出了声音，而且还强调是否能被受众听进去。所谓“被受众听进去”，是指无论受众是否同意你的观点，但鉴于话语出处的权威性和重要性，他们都需要认真倾听和思考话语对自己的影响。

“有无话语力”就是能否有效发出自己的声音，不仅指是否发出了声音，而且还强调是否能被受众听进去。

2010年3月，我在全国政协新闻发布会上回答“美国之音”记者的问题时说到政协具有强大的“话语权”，引起了国内外记者的兴趣。他们在随后的报道中问到“话语权”是“权力”（power of discourse）还是“权利”（right of discourse）？实际上，我们在对外传播的领域内所说的“话语权”是指话语的影响力，是指力量或影响力，是属于“软力量”（soft power）的范畴，是“话语权力”而不是“话语权利”。正是基于这样的考虑，本书在论及对外传播中的话语影响力时，使用“话语力”代替往常所使用的“话语权”概念。

话语力关系国家的国际地位和发展。跨文化传播的事实和经验表明，强势文化往往拥有强大的物质基础、技术力量和优秀的文化传统以及表达艺术。因此，国家话语力的强弱至少涉及两个方面：一是国家的整体力量；二是国家的修辞能力。

一、国家力量是话语力的基础

关于话语与力量之间关系的讨论是国际传播方式发展到一定阶段才开始的，在不同的语境下，话语力具有不尽相同的内涵。在西方学术史上，话语权力问题可追溯到葛兰西的“领导权”、福柯的“权力话语”、哈贝马斯的“合法化”、罗兰·巴特的“泛符号化”、鲍德里亚的“仿像”等等。直至当代，也依然有大量学者借助此理论来分析和研究发生在社会生活中的种种问题和现象。人们普遍认可的事实是，在跨文化的事务合作中，话语的权力或影响力发挥着重要的作用。①

在国际贸易中也处处存在着话语力的竞争。如：中国是世界上最大的铁矿石购买者，但铁矿石最大的定价权在澳大利亚、巴西这些卖家那里；中国是世界上稀有金属的最大卖家，但以往的定价权却在买家那

① See Steffek，Jens. San Domenico di Fiesole，*The power of rational discourse and legitimacy of international governance*，Italy：European University Institute，c2000.

里。无论买、卖，我们怎么都没有话语力？这里有经济问题，也有文化问题。国家话语力的基础是国家的综合实力，其中当然也包括软力量。国家强，话语力才重；国家弱，话语力就轻。

2009 年 3 月，中国人民银行行长周小川发表署名文章，认为需要创造一种与主权国家脱钩、能保持币值长期稳定的国际储备货币，从而避免主权信用货币作为储备货币的内在缺陷。就国际经济局势而言，这个提议很有道理，但却触动了美国的根本利益。于是美国马上表示，认为没有必要设立“全球货币”。美国总统奥巴马出面说：“美国被投资者认为是世界上最强劲的经济体，是政治制度最稳定的国家，所以美元异常坚挺”。他的措辞用了“投资者认为”，暗指不是美国人自己认为。美国财长盖特纳、美联储主席伯南克，也都在第一时间公开表示反对另设“全球货币”。假如这是在十年前，中国人民银行行长说出这样的话，美国不会像今天这样认真倾听，并急于表示反对。此外，还有些国家，如阿根廷、巴西等国，则对周小川的提议表示支持。不管是支持或是反对，有这些国家对我们的声音迅速做出回应这一事实本身，就已经说明中国的话语力在上升。同时，这也说明了经济官员或经济界精英的话语往往具有公共外交的显著效果。

二、熟悉西方媒体游戏规则

由于西方媒体长期以来的强势地位，当今世界舆论界的诸多角力规则都来源于之、受制于之，因而，在舆论战略中尤其需要注意熟悉西方媒体的游戏规则，加强国际交往中的话语力。

语言霸权会影响政治话语力。英语是世界上普及率最高的语言，是“准世界语”，因此英语有了国际话语的“特权性标识”。随着英语的传播，也传播了使用英语的国家的文化和价值观，这样给他们带来了巨大的文化、政治和经济利益。而中文要翻译成外国文字，成本很高。因为这其中不仅是文字的转换，还有跨文化的转化，要别人正确充分地理解原意是很困难的。一种语言形成霸权后，就意味着以这种语言为母语的国家和民族将很容易拥有信息霸权和文化霸权，并有利于其政治话语力。由此可见，提高本国语言的影响力是提高国家影响力的极为重要的途径，许多国家都在努力不懈地推进传播本国语言的战略。

长期以来，西方媒体对华报道形成了三大固定框架——“意识形态框架”、“利益竞夺框架”和本属于“意识形态框架”内而被特别渲染的“人道主义框架”。对西方媒体这些游戏规则的应对主要包括：要坚持实事求是的原则，增强中国信息发布的公信力；促进多元主体表达，开展公共外交，放大民间声音；提高国家修辞能力，积极追求正面效果。

对话虽然也包括与之相对的回应、辩驳和抗争，但更重要的目的是争取彼此靠近、参与和分享，以互得其惠、多方共赢。以经济领域为例，近年来中国在国际经济领域遭遇的冲突、争端，如中海油竞购美国尤尼科公司被指“危及美国安全”、西方人为谋划“中国制造”品牌危机并将国际原材料涨价归罪到中国等等，让我们看到，经济战略的规划、实施和延展，必须辅以舆论战略或议程设计，即舆论的铺垫、引导和应战。中国经济的舆论战略已不只是经济战略可有可无的补充，而是在越来越多的情况下直接、间接地决定着后者的得失成败。

2008年北京奥运会的外国记者采访规定，正是中国参考国际惯例在公共外交层面为加强话语力所做的一次积极尝试。北京奥运会筹备期间，中国政府出台了《北京奥运会及其筹备期间外国记者在华采访规定》和《北京奥运会及其筹备期间外国记者采访服务指南》。据此，外国记者在华采访，只需要征得被采访单位和个人的同意，这使得境外媒体与中国公众之间能够“零距离”接触，中国公众开始向世界传递更加直观而真实的中国形象。

三、对外交流依据事实说话才有力量

在对外交流中，文化表达方式的多样化固然重要，但也不可忽视交流内容的严谨性和事实的重要性。遵从实事求是的原则，依据事实说话，才会有说服力。反之，则是轻易就会被推翻、驳倒。

案例　考克斯没有依据事实说话

1999年5月31日，国务院新闻办公室举行记者招待会，驳斥《考克斯报告》。当时，当着82家外国新闻机构、150多位中外新闻记者的面，国务院新闻办公室的电脑技术人员打开电脑，接通国际互联网，在电脑屏幕和与之相连的大屏幕上立即出现了有关美国核武器的材料：

"当前美国的核力量"、"美国核武器的持续打击"、"W80 弹头"等等，材料一份接着一份呈现在众人面前。中外记者立即围上前去，一时间，几十架照相机、摄像机一起对准了大屏幕。原来，煞有介事地污蔑中国"窃取"的所谓导弹和核机密，随时可以从美国几个核武研究所的网站上信手拈来。谎言不攻自破。事后，西方媒体对这次发布会做了大量的报道。

四、国家修辞与国家关键话语的作用

这里所说的"国家修辞"有两层含义：一是指国家在自身发展和处理国际关系过程中所使用的习惯性话语，如"统一战线"、"发展才是硬道理"、"三个代表"等等，在此意义上，它们是可以进入专门词典的规范用语；二是指国家表达本国新近产生的概念时而创新的话语，如"科学发展观"，在此意义上，国家修辞是个动态过程，新创造的词汇和语句，经过一定时间使用后就会成为习惯性话语。

国家修辞的主体是国家。对词汇和语句的创新、甄别，表达手法的选用，以及表达时机的选择，都是国家这个主体在对内、对外表达时所必须认真考虑的。在实践中，国家修辞大多由政治家、思想家、各界精英、政府新闻发言人等来具体承担。同时，媒体在国家修辞中也担当着重要的筛选作用，而这一过程也正是国家修辞被公众认可的过程。

作为世界头号强国的美国，一向非常注重国家修辞的作用。美国总统的就职演说就常常达到国家修辞之极致，如奥巴马在就职演说中说道："我的当选再次证明了美国是任何事情都可能实现的国家。"这句话把美国描绘成可以实现个人梦想的地方。我曾看过一部美国的宣传片，一开头，里面有这样的画外音：一个小孩在美国出生了，这个小孩将来做什么，可能不会有人知道，但他有可能当美国总统。这样的表述就非常生动。经过成年累月的宣传，"民主、自由"成为了美国话语力的两个核心词汇。而这次上海世博会的美国馆聚焦表达的美国价值观只有三个单词——"多元、创新和乐观"，其中也包含了"民主、自由"的理念。

国家修辞以严密的逻辑、丰富的内涵来陈述"符合"民意的理念，表达对国家发展历史阶段和世界发展态势的认知，故而能吸引和鼓舞本国民众，同时也成为外国公众理解本国的一把钥匙。

> **国家修辞是国家话语力的基本要素。在国家实力一定的前提下，国家修辞可以增强国家的话语力，并在某种程度上影响国际舆论。**

国家修辞是国家话语力的基本要素。在国家实力一定的前提下，国家修辞可以增强国家的话语力，并在某种程度上影响国际舆论。

国家修辞离不开"关键话语"。所谓"国家关键话语"，是指那些描写一国政治、经济、文化特点的不可或缺的核心词汇和话语。它们能体现国家的核心价值观，能展现国家政治特色，能反映社会发展阶段，能对外表达国家的基本政治立场。一个国家的"关键话语"发挥着对内形成统一认识，对外获得广泛理解的作用。中国共产党代表大会的政治报告和国务院的政府工作报告，是许多"关键话语”的源泉。

中国政府提出的关于处理国际关系的“和平共处五项原则”即是国家关键话语中的一例。1953 年 12 月，周恩来总理在接见印度政府代表团时，首次提出“和平共处五项原则”，即：互相尊重领土主权（后来，在亚非会议上改为互相尊重主权和领土完整），互不侵犯，互不干涉内政，平等互利和和平共处的原则。1954 年 6 月，周总理应邀访问印度和缅甸，分别同印度总理尼赫鲁、缅甸联邦总理吴努举行会谈，并在会后的联合声明中重申了以“和平共处五项原则”作为指导双边关系的原则。1955 年 4 月，亚非会议在印度尼西亚万隆召开，周总理在发言中着重阐述了“求同存异”的时代意义，指出“求同存异”就是把社会制度和意识形态的差异放在一边，在“和平共处五项原则”的基础上找到共同点。周总理的讲话得到了与会代表的广泛赞同。最后，“和平共处五项原则”被写入万隆会议公报。自那时起，该原则就成为了中国处理同一切国家关系的基本准则和独立自主的和平外交政策的基础，并逐渐被世界上绝大多数国家所接受，成为规范国际关系的重要准则。

五、国际政治对话的话语力博弈

多年来，对中国政治体制和人权状况的攻击，是西方反华势力的一个主要政治话题。如果我们不能根据中国的事实（包括成绩，也包括存在的问题），并用外国人能理解和接受的方式充分说明我们的真实情况和相关政策，就很难在国际政治对话的博弈中占据主动。

（一）“人权白皮书”将“人权”纳入主流话语

中国政府的白皮书具有巨大的影响力，每次发布后，全球主要通讯社都会进行及时的报道，世界主要国家的许多机构甚至政府也会有所评论。白皮书在编撰中需要尽量多说明事实，多用数据，同时力求准确、朴素、及时。在这方面，国务院新闻办公室每年发布的有关国情、外交、国防、人权和地方问题等方面的白皮书约有四五种，近年发表的，如《中国应对气候变化的政策与行动》、《2008 年中国的国防》、《中国的政党制度》、《中国互联网状况》、《中国的人权状况》、《西藏民主改革 50 年》、《中国的民族政策与各民族共同繁荣发展》等白皮书。

1991 年 11 月，国务院新闻办公室第一次发表《中国的人权状况》白皮书，这标志着中国政府开始将“人权”纳入主流话语，向国内外正式表明中国政府对人权问题的态度、立场、基本政策和实践。此后，以中国人权发展的实情为基础，国务院新闻办公室连续发表了多种与人权有关的白皮书，其中有些专门介绍西藏、新疆等地的人权状况，有些则是针对知识产权、计划生育等问题的专题。

中国政府 2009 年 4 月 13 日发布《国家人权行动计划（2009—2010 年）》，阐明了未来两年中国政府在保护和促进人权方面的工作目标和具体措施。这是中国首次制定以人权为主题的国家规划，一发布便在国际社会赢得强烈反响，各界广泛承认这是中国人权事业的一项重大进展。

（二）提升表述中国政治体制的话语力

2005年10月，国务院新闻办公室发表了《中国的民主政治建设》白皮书。白皮书说明了中国共产党的领导地位是在中国人民追求民族独立、国家富强、生活幸福的长期斗争和实践中逐步形成的，是历史的选择、人民的选择；在当代中国，中国共产党的领导和执政，是中国发展和进步的客观要求；中国的社会主义民主政治，是适合中国国情和社会进步要求的选择，中国的制度有利于中国人民的利益，得到绝大多数中国人的真心拥护。

《中国的民主政治建设》白皮书介绍了近20多年来，中国社会主义民主政治建设在实践中取得的许多重大进展，包括人民代表大会制度、中国共产党领导的多党合作和政治协商制度、民族区域自治制度等国家民主制度不断完善和发展的情况。同时，该白皮书也指出了仍有许多需要克服和解决的问题，如民主制度还不够健全；有法不依、执法不严、违法不究的现象依然存在；官僚主义作风、腐败现象在一些部门和地方滋生、蔓延；对权力运行进行制约和监督的有效机制有待进一步完善等。

《中国的民主政治建设》白皮书的案例让我们进一步看到，把中国的真实情况向世界公布，有助于澄清国际社会对中国民主政治建设的一些质疑和误解，帮助外国公众正确理解中国的民主政治制度。

第八章

翻译——跨文化之桥

不同语言的民族得以共存与沟通，人类文明得以延续和发展，必须借助语言的翻译。人类通过翻译致力于沟通交流的努力是伟大而崇高的。从古希腊文化的传承与传播，到欧洲文艺复兴时期翻译活动的多彩多姿；从我国东汉至唐宋的佛经翻译，到明末清初开始的科技翻译；从鸦片战争以后的西学东渐，到五四运动后马列主义、俄国十月革命火种在中国的传播……在世界文明发展的历史长河中，在中华民族伟大复兴的进程中，翻译始终都起着不可或缺的先导作用。

一、改革开放在呼唤翻译事业

改革开放给我们整个民族、国家带来了新的机遇。改革开放的第一步，就是要和全世界打交道，随时了解国际动态，做到知己知彼。

在 20 世纪 80 年代初，如果我们翻阅某天全国各省的报纸，会发现若干份报纸中没有一篇国际新闻或国际评论，而当时广大的国内读者，也尚未形成对国际资讯的需求，原因是我们当时的国际交往太少，国际上发生什么变化，对一般读者来说兴趣不大。今天则不然，我们媒体的国际报道日渐丰富，评论也越来越深刻。日本内阁更换、美国总统访华等国际新闻，也成为了中国百姓关心的问题。其原因正是在于：今天的中国已经成为国际舞台上重要的一员，逐渐增多的国际交往使得世界上其他国家发生的事情与我们之间的关联越来越紧密了。在这样的变迁中，翻译工作的重要性日渐凸显。

在上海浦东开发初期，面临着开辟国际市场的重要任务，其中打头阵的正是翻译工作者。我曾经一再强调“外事为刃，经济为体”，因为对外开放，首先要和外国人打交道，需要正确地说明中国，正确地说明中国的经济政策，和可能的投资者之间做到“知己知彼”。我们开辟外国市场时，做先锋的应该是懂经济的人还是懂外语的人呢？虽然最好是既懂经济又懂外语，但是我们当时并不具备这样的条件，原来的教育方法使得当时开发区 40 岁以上的政府官员或者外语好，或者经济好，二者兼备的较少。在这样的情况下，翻译人才就当仁不让地成为了打头阵的重要力量。“外事为刃，经济为体”的实践对浦东乃至全上海发展的意义是不可低估的：至 2008 年末，上海已与 138 个国家和地区的外商签订直接投资合同项目 5.25 万项，合同金额 1 465.16 亿美元，外商实际到位金额 847.67 亿美元；落户上海的跨国公司地区总部 224 家，投资性公司 178 家，外资研发中心 274 家。基辛格博士在浦东说过，你们有这样好的国际公共关系，这是最宝贵的财富。而这样好的国际公共关系正是依靠“外事为刃，经济为体”的方式实现的——外事工作者先开路，介绍中国的投资环境，取得国外投资者的理解，同时也向他们展现出上海具有很好的外语环境。

2003年我访问西班牙时，曾送给一位西班牙高官一份宣传折页，里面有中国主办的西班牙语广播电视、杂志和网络的介绍。这位官员看后非常感慨，他说：“中国是个大国，对我们小国这么重视，我们没有力量来做中文的电台、杂志和网络。不过，西班牙语在世界上有32个国家和地区通用，因此，我们的书和报纸不用翻译也能有一定的传播能力。”的确，相较而言，中文在世界范围内使用的国家较少，外国人通晓中文的人也不多。因此，要向世界说明中国，我们就需要普及外语教育，需要大量翻译人才，尤其是高层次的翻译人才。

二、翻译工作的时代要求

翻译家杨绛先生曾说，翻译家是“一仆二主”——一个“主”是原作者，另一个“主”是读者，两边都要伺候好，这很不容易。这个比喻所揭示的道理与严复先生提出的翻译工作“信、达、雅”的要求之间有着异曲同工之处，都是在告诉我们，翻译作品不仅要忠于原著，要真实、准确，而且同时还不可忽视可读性和艺术性。今天，这样的要求也是同样适用的，只是在新的信息环境中，在这个基础上还要加上一个“快”的要求，尤其是对于现场的口头翻译和重要场合的同声传译更是如此。

不同语言所使用的词汇，有一部分是可以完全没有障碍地相互直译的，如物质名词：原子、分子、桌子、椅子等；但是，一旦遇到和思维、感情有关的词汇，或是存在多种义项的词汇时，在翻译时就难以一一对应了。比如说黑格尔的《历史哲学》，原著是用德文写的，该书的英译者在他的前言中特别强调德文和英文的差异，比如说“智力”、“意志”、“精神”这些词都不能一一对应，因此他说：“我尽了最大的努力，但英文版和德文版还是有区别的，英译本是穿上英国衣服的《历史哲学》。”实际上，德文和英文的差异比起德文和其他语言之间的差异来说已经算是比较小的了，但即便如此，翻译起来依然有难以逾越的困难。由此可以想到，由于中文和西方语言的巨大差异，中国人和西方人之间精神产品的共享必然地面临着更大的困难。比如，中文的“TIAN（天）”，在对应英文的物质的天（sky）、精神的天（heaven）之外，还对应白天（day）、命运（destiny）、天气（weather）、自然（nature）、神（god）等等。又如，《圣经》使用的 logos，译成中文可能是语言、智慧、规律、理性、思想和道等等，很难找到一个最恰当的中文词汇与之对应。稍不留意，翻译时就会陷入意大利人所说的“翻译即背叛”（Tradurre è Tradire）的窘境。

翻译是“文化的翻译”，译者不仅要精通外语，还要精通外国文化。从对外传播的角度讲，翻译本身既是语言的沟通，又是文化的沟通。我们在对外传播的时候常常遇到这样的情况，在国内表达得很清楚的话，翻译成正确的外语，但外国人依然很难听得明白，其中的原因正是在于文化的障碍。

文化的障碍来源于信仰、价值观和生活方式等等文化背景的差异。对于本民族所特有的艺术形式或特产，在翻译时如果过多地依赖于简单类比的方式，只是将对方语言中类似的名称加上一个定语，则往往造成文化含义的缺位或意义传达的失真，坚持把自己的文化“特产”去附会外国的产品，无异于自我贬低，甚至毁坏自己的艺术。举一个最简单的例子：中国有馒头，而外国有面包，如果在翻译的时候仅仅进行简单的类比，将馒头翻译成“中国的面包”或“蒸熟的面包”（steamed bread)，外国人由之可能会联想到这是指一种特殊的面包，而想不到中国的用蒸笼蒸出来的馒头上去。因此，与其译为“steamed bread”，还不如直接音译为“MANTOU”。另一个因为类比的翻译方式而将“中国特产”变成“外国货”的例子是，将京剧译成“北京歌剧”（Peking Opera)。多年前中国在巴黎举办“中国文化周”的时候，在那里举办了几场专题报告，包括“中国人眼中的法国”、“中国的建筑”、“中国的京剧”等主题，后来有的法国人说，如果不经解释，他们会将“Peking Opera”理解为北京表演的《茶花女》、《卡门》或《图兰朵》等西洋歌剧。名不正则言不顺，在这种情况下，其实不如索性按其读音译为“JINGJU”。此外，我们对相声的英文翻译也是如此，将“相声”翻译成“Cross Talk”，不仅不能将这种艺术形式准确地表达出来，而且甚至还存在被误解的风险——“Cross Talk”还有打电话“串音”的意思！

在这一方面，日本对其特有的艺术形式的翻译方式就值得我们借鉴。日本独有的艺术形式“歌舞伎”，日文的发音是“Ka-bu-ki”，其英文翻译是“Kabuki”。日本还有一种口头艺术叫“漫才”，日本人也按其读音英译为“Manzai”。当外国人如果听到“Kabuki”或“Manzai”的时候，不会因为联想而产生误解，会直接地知道，“哦，是日本文化!”

在我与奈斯比特夫妇的对话中，多丽丝·奈斯比特女士还提出在传播中国时应该创造新的名词来描述新的事物。但是，由于结构特别，中国汉字不如拼音文字创造新词那么容易。这一点与英语国家存在很大差异。如：美国一个著名的智库在概括美国对中国的政策时就将“containment”与“engagement”相加，创造了“congagement”这样一个新词。据一位美国政要说，新词的意思是遏制性接触，是一种介于遏制和接触之间的战略。我看这个新词所表达的意思就好比是自动挡汽车的刹车，踩下去就遏制，抬起来就接触，这是由美国的利益来决定的。而“congagement”应该怎么译成一个简明的中国名词呢?又成为了一个问题。

从对外传播的角度讲，翻译本身既是语言的沟通，又是文化的沟通。要想对其他语种的人讲好自己的故事，除了单纯的字面翻译之外，还需要更多地在文化层面上寻求帮助，需要深入了解对方国家的文化习俗和交流习惯，进而找到能够直达对方心灵的文化的表述方式。

翻译是学术要求很严格的专业，是从一个语言系统进入另外一个语言系统的过程，是一种文化转化的再创作。要想对其他语种的人讲好自己的故事，除了单纯的字面翻译之外，还需要更多地在文化层面上寻求帮助，需要深入了解对方国家的文化习俗和交流习惯，进而找到能够直达对方心灵的文化的表述方式。因此，一个优秀的翻译人才需要具备在有限时间内进行高效地跨文化传播的能力，这是时代对翻译工作者提出的严峻挑战。

三、通过翻译准确传播“国家关键话语”

如前所述，随着时代发展，不断有新的“国家关键话语”产生。越是社会变革快的国家，越有大量的重要词汇不断涌现。“国家关键话语”是对外说明中国的关键。在对外表达的时候，这些关键话语的翻译尤其重要。

当代中国的“国家关键话语”是在建设有中国特色的社会主义进程中应运而生的，很多具有中国时代特色的、原创的“关键词”，如“四项基本原则”、“发展才是硬道理”、“自主创新”、“三个代表”、“科学发展观”等，这些新词汇如果对外表达不畅，我们的社会制度和基本国情就难于被世界理解，我们的文化和政治就传播不出去。

以“自主创新”这个词为例，当下我们对“自主创新”的多种翻译都与中文原意不甚贴切，不同的译者将“自主创新”译成“independent innovation”（独立创新）或“indigenous innovation”（本土创新）或“self-innovation”（自我创新）等，就理解得各有侧重。美国一位研究中国的教授提出，independent innovation 意味着不与外国人合作的创新，而现代的科技创新是需要国际合作的。2010 年，美国国会甚至以中国实行自主创新政策影响了美国产品进入中国市场为由，要求中国修改这项政策。事实上，中国政府鼓励中国人进行自主创新，这一政策其实包含了欢迎和谋求与外国合作的内容。而事实是美国等西方国家拒绝以各种形式向中国出口高新技术。

再以“不折腾”一词为例，在纪念中国共产党的十一届三中全会召开 30 周年大会上，胡锦涛主席在提出未来两大目标之后说：“只要我们不动摇、不懈怠、不折腾，坚定不移地推进改革开放，坚定不移地走中国特色社会主义道路，就一定能够胜利实现这一宏伟蓝图和奋斗目标。”之后关于“不折腾”的翻译，产生了许多版本，但一直没有一个统一、权威的标准。一些译法如：don't flip flop（别翻来倒去，朝三暮四），don't get sidetracked（别走岔路），don't sway back and forth（别反复），no self-consuming political movements（不搞自我消耗的政治运动），avoid self-inflicted setbacks（避免自己造成的退步），甚至直接翻译成汉语拼音 buzheteng。这些翻译均在不同程度上难以准确地传达出中文原意。

我在一次偶然的机会，获知有一首英文歌曲叫《Don't Rock The Boat》，觉得 don't rock the boat 在含义上与“不折腾”最为接近。[①] 这一译法后来也得到了几位美国大学教授的赞同。

中央编译局作为我国编译水平极高的权威机构，曾为我们成功翻译了大量马列主义原著，并且也负责翻译党和国家重要文献、领导人著作等。但近年来，由于时政性报道时效性的要求，新出现的“国家关键话语”往往由中国几家大媒体的对外部翻译，翻译都是严肃的，也都是合

① 英文歌曲《Don't Rock The Boat》的部分歌词如下：...Don't rock the craft dear，We're not on a raft dear，Love before and aft dear，Don't rock the boat dear，Keep our love afloat dear，Strike that happy note dear dear，Just for the likes of you and me...

理的，但是由于时政性报道时效性的要求，有时并不能集中统一。至于众多学者翻译的不一致，则是屡见不鲜，并难以避免。

“国家关键话语”的翻译之重要性，通过当代中国语境下“韬光养晦”一词的翻译即可见一斑。在此问题上，熊光楷上将、杨慧林和朱威烈教授对此问题均有详细的分析①：

案例　以“韬光养晦”看国家关键词的翻译

“韬光养晦”一词源于清代郑观应于1893年出版的《盛世危言·自序》，其词本义为：主张应隐藏才华，不使外露，本质上反映的是中国人在做人、做事、做学问方面的价值取向，告诫人们即便再有声名、有才华，但在待人接物的行为举止上，仍应收敛、低调，不要锋芒毕露，动辄张扬。

20世纪80年代末，邓小平同志基于对中国国情的深刻认识和世界局势的全面把握，提出了包括“韬光养晦”在内的外交战略思想。这里的“韬光养晦”强调的是在“冷静观察”、“沉着应付”急剧变幻的国际风云之时，“不当头”，“不扛旗”，低调行事，趋利避害，以期首先把自己的事情做好。时至今日，“韬光养晦”已成为中国对外战略方针的重要组成部分，也是理解和把握中国外交政策的关键词之一。

然而令人遗憾的是，多年来在解读“韬光养晦”一词时，存在着翻译不准确，甚至曲解的现象。这些错误的译法和解读又往往被西方一些

① 参见熊光楷《中文词汇“韬光养晦”翻译的外交战略意义》（《公共外交季刊》，2010年夏季号）、杨慧林《关于“韬光”的误读及其可能的译解》（《读书》，2010年第7期）及《韬光养晦：世界主流文明的共有观念——朱威烈教授在上海国际问题研究院的讲演》（《文汇报》，2010-08-14，第6版）。

别有用心的势力所利用，以此来攻击、抹黑中国，鼓吹“中国威胁论”。

例如，美国国防部在2002年首次公布的《中国军力报告》中，将该词翻译为“hide our capabilities and bide our time”，意即“掩盖自己的能力，等待时机东山再起”。此后，美国政府在2003年、2004年、2005年、2006年、2007年和2009年等六个年度的《中国军力报告》中都采用了同样的英文表述。另外，国外还有一些英文书籍或文章将“韬光养晦”译为“hide one's ability and pretend to be weak”（意即“隐藏能力、假装弱小”）、“conceal one's true intention”（意即“隐藏真实目的”）等等。这些错误翻译的潜台词无外乎：“韬光养晦”是“隐蔽自己的真实意图”，“等待时机成熟再出手”。

毋庸置疑，以上这些解读不仅完全与“韬光养晦”一词的本义是相悖的，而且严重歪曲了中国和平外交战略方针的内涵和实质，给我们的正常对外交往造成了不应有的负面影响。

四、造就强大的翻译队伍①

在全球化的时代，翻译活动已经渗透到人们生活的各个角落。国际

① 此节参考了国际译联副主席、中国翻译协会副主席黄友义和记者的对话录《“走出去”，翻译至关重要》，载《中国新闻出版报》，2009-11-20。

译联前主席贝蒂·科恩曾经说过："翻译工作者就像电线中的电流、水管中的水流，直到失去时才会发现他们对我们是多么重要。"

在中国普遍存在着"懂外语就能翻译"的认识误区，使得"翻译"水平问题成为瓶颈，不仅影响着中国文化走向世界，甚至还制约了中国的国际政治表达。

如前所述，从表面上看翻译的是文字，实际上却包含着文化的转化。要使一个文化产品让使用其他语言的人能够接受、理解，离不开翻译者熟练驾驭语言的能力和对不同文化的深刻理解。然而，摆在我们面前的严峻现实是：在中国，能够胜任这种高水平翻译的职业翻译家不到200个，而在国外，能从事这种高水平翻译的汉学家和海外华人，也不到200个，这与中国蓬勃发展的经济、文化势头和国内文化的市场需求完全不相匹配。一大批高水平、专业化，尤其擅长中译外的翻译家的出现，是当前社会发展的迫切需要。

培养高水平翻译人才的重要路径在于教育。中国从小学到大学的学生都在学习英语或其他外语，为中国出现高水平的翻译团队提供了良好的基础。但是，过去我们高等教育虽然一直注重学生的外语水平提升，然而却忽视了专业化翻译人才的培养。个中原因，还是在于对"懂外语"与"会翻译"之间的差异认识不足。要成为高水平翻译，除了熟练掌握外语的语言技巧之外，还有更多的知识要学。可喜的是，当前这种状况正在逐渐改变，翻译专业的高等教育正异军突起。2006年，教育部批准设立本科翻译专业；2007年，国务院学位办批准设置翻译硕士专业学位。这些专业学位的设立标志着翻译作为一门独立学科的地位获得了承认。截至目前，全国共有35所高校获得批准设立了本科翻译专业，158所高校获得批准开设了翻译硕士专业学位课程。这表明，正规的专业化翻译人才培养已经步入正轨。

此外，翻译事业的国际合作也值得提倡。国际翻译界有一个共识就是由外语翻译成母语比反向的翻译的译文质量更高。有几部公认翻译比较优秀的中国名著如《三国演义》、《水浒传》、《西游记》等等都是中、外译者合作的。双方合作加深了对于对方语言和文化理解的过程，他们共同完成的翻译书稿必然成为跨文化的产物。

第九章

互联网带来的外交机遇和挑战

> **互联网的普及促使公共外交变得更加丰富、也更加复杂，各种力量都在充分借助互联网表达自己的观点，施展自己的国内或国际影响。**

随着计算机和数字通信技术的迅猛发展，以互联网为代表的新媒体已经深入了人类生活，到2010年10月，全球上网的人数已经超过20亿。互联网的出现和普及不仅改变着人们的生活，也深刻影响着外交的方方面面，为公共外交的发展既提供了机遇，也带来了挑战。

互联网的普及促使公共外交变得更加丰富、也更加复杂，各种力量都在充分借助互联网表达自己的观点，施展自己的国内或国际影响。

一、网络外交的兴起

借助互联网开展的外交活动被简称为“网络外交”。在当前媒介环境下，网络外交已经成为许多国家外交体系中的重要组成部分之一，提高了公众在公共外交中的地位，使公共外交最终发展成一套包括政府和公众分别运作，发生跨国影响的庞大的综合体系。

不同的国家网络外交的目标有很大不同，“网络外交”的内涵也在不同情境下有着多样的理解。但总体来说，可以按照主体的不同，分为政府的网络外交和公众的网络外交。

（一）政府的网络外交

各国政府都建立了政府的网站，用以和本国公众及国际社会沟通。各国的驻外使馆多建立了自己的使用当地语言的网站，用以和驻在国的公众沟通。有的国家还进行过评比，因为中国驻外使馆的网站内容较丰富，在有的驻在国还在评比中名列前茅。在中央政府的财政支持下，中国的外文网站有60余种语言，许多地方政府也有外语网站，多以英语为主，边境省份也有邻国语言的网站。

（二）公众网络外交[①]

互联网等新媒体通过其各种强大的功能，不仅形成了海量信息源，

① 本节部分内容参考了李希光、王晶：《如何面对网络公共外交》，刊登于全国政协外事委员会主办之《公共外交季刊》总第4期。

而且使广大公众间信息交往的范围扩大至全球，使任何人在任何地点、任何时间都可以与其他任何人进行多种形态信息的沟通交流。

公共外交中最为重要的构成就是公众间的跨国交往。在以数字技术为基础的新媒体诞生之前，国家间公众的远距离信息交往是具有较大局限性的，无论是从沟通的方式、信息的速率还是成本上说，都让大部分公众难以企及。然而，随着网络等新媒体技术的逐渐普及，这一现象得到了革命性的改观。无论是已经深入寻常百姓日常生活的电子邮件、网络电话、网络聊天工具等点对点的信息沟通工具，还是网络论坛、博客、网络交友工具等信息平台，都使得越来越多的公众以低廉的成本和便捷的方式亲身参与到了跨国交流的行列中。而一些有公信力的名人博客、名人网页、名人 Twitter 等也都在跨越国界的网络世界中发挥着公共外交的作用。通过网络，不同国别的公众不仅可以相互沟通，而且还可以围绕某一共同关心的国际议题发表见解、展开群体性的讨论。

正是在这样一种背景下，今天，有国际交往经验和能力的中国人都会与国外某些群体或个人有着某种网络的联系。这种日常的联系可能是商业性、学术性或友谊性的，但都是表达着中国微观的国情，丰富了中国的国际联系。中国公众通过网络进行的人际传播和公共外交是建基于人们各种社会需求心理之上的自发行为，所以它比传统的政府外宣更自然，更具有亲和力和信任感，也更加易于被接受。

而且，今天的网民不仅可以像一个记者那样写新闻稿，还可以像一个通讯社那样随时在网上发布消息。有时，多位身处突发事件现场的网民还可以通过各自信息的采集、发布，形成多角度的直播。近年发生的多起突发公共事件已经凸显了公众创作内容在网上传播的力量，表明有时非常大的新闻机构也很难像他们那样进行全面跟踪报道。

2008年的孟买恐怖事件是一个著名的案例。那年11月26日、27日，恐怖分子劫持了孟买泰姬玛哈酒店，并燃起熊熊大火，接着发生了连环恐怖袭击事件。在事发地点的许多网民不断提供短讯，以直播方式公布事件的最新进展，显现出了公众在网络上制作新闻发挥的重要作用。孟买的恐怖袭击导致100多人死亡，近300人受伤，其中包括许多外国人。一些博客还上传了大量袭击现场的照片，类似的图片也出现在图片共享网站Flickr上，同时刺激Twitter 27日流量激增。有人统计在格林尼治时间27日（周四）07：48，五秒钟之内，Twitter上出现了80条消息。一些消息主动向媒体提供，一些进行直播报道。其中一个写道："一名恐怖分子从Nariman的屋顶跳到了Chabad的房顶上，一些特警突击队员已经赶到了现场。"据称，几家印度本地的新闻频道在恐怖袭击过程中使用了Twitter进行实况直播。此类事件证明了博客对主流媒体的巨大潜在价值。

二、网络时代公共外交面临的新挑战

网络是一把双刃剑，在为社会信息交往、公共外交提供新的机遇和平台的同时，也给公共外交带来了一些前所未有的挑战。网络群体性事件、信息安全等，都是网络时代面临的新课题。

（一）网络群体性事件

网络的开放性、即时互动性使得不同地域、不同身份的公众可以围绕自己关心的议题，在面向全球观众的网络信息平台上发表意见，进行大范围、开放式的争论。如国家间的某些冲突往往会引起双方网民群体的论战，进而导致事态复杂化。这一趋势的出现，在提升了公众的舆论监督力度的同时，也带来了一定的问题——由于部分网络信息的不真实，或者部分公众的盲目激愤心理等原因，往往会引起或者加速一些危机事件的蔓延，进而会对社会稳定造成影响，也会在某一个阶段对区域、国家的形象产生负面作用。

而且，恐怖主义、分裂主义、极端主义集团还常常使用互联网发动群体事件、制造暴乱和暴力事件，这些都是令各国政府、警方和情报部门头痛的问题。在网络上，各种恐怖分子、分裂分子和极端分子都称自己是在为民主、自由和人权而战。这些言论的传播，对社会的危害是显而易见的。

（二）以网络外交干涉他国内政

网络以几乎无边界限制的传递信息的穿透力，被各国用于公共外交。但是多年来，有的国家公共外交除了提高本国形象外，还以打击与他们政治制度不同的国家为目标。

美国前总统乔治·沃克·布什说过：“互联网的发展对促进中国的民主是非常重要的，如果以其他国家（互联网的）发展方式让互联网进入中国，那么自由将迅速地在那片土地上站稳脚跟。”美国前国务卿奥尔布赖特也曾经说，“中国不会拒绝互联网这种技术，因为它要现代化，这是我们可乘之机，我们要利用互联网把美国的价值观送到中国去”，“有了互联网，对付中国就有了办法”。他们的言论可谓直言不讳。

美国现国务卿希拉里·克林顿 2010 年 1 月在华盛顿的演讲提出要将“不受限制的互联网访问作为外交政策的首要任务”，并宣布“未来一年中，我们将与实业界、学术界和非政府组织的合作伙伴一道，确立发挥互联网技术威力的长期努力，利用这些技术推进我们的外交目标”。美国的网络外交明白地体现了他们公共外交的“进攻”和“霸道”属性。

（三）网络泄密

互联网开放的信息平台，在带来自由交往的同时，也存在着信息安全的隐患。2010 年发生的“维基泄密事件”，就严重冲击了部分国家之间的外交关系，对网络时代各国的外交敲响了警钟。

案例 维基泄密事件

“维基解密”（wikileaks）是一个宣称其目的是为了揭露政府及企业的腐败行为的具有神秘性的网站，成立于 2006 年 12 月。维基解密网站依靠自己的服务器和支持者在 2010 年 7 月和 10 月连续公开美国的有关阿富汗和伊拉克战争的机密文件，涉及美军滥杀无辜的内容。

2010 年 11 月 28 日，“维基解密”网站通过美国《纽约时报》、英国《卫报》、法国《世界报》、德国《明镜》周刊、西班牙《国家报》等，陆续公布了它所获得的至少 251 287 份美国驻外 250 多个使领馆与美国国务院互发的电报内容。这些电报多由大使、领事及其他外交官起草，内容包括他们所在国家的政治形势的分析、搜集到的有关人员和事件的背景资料，以及政治家和领导人的政治活动和个人信息。他们在信件中还经常对外国政治家发表批评性言论。意大利外长弗拉蒂尼称此事成为“外交界的9·11”，将“摧毁国家间的信任”。

泄露的机密文件使得美国极为担心损害美国的外交关系，尴尬不已。美国国务卿希拉里·克林顿发表了长篇声明，试图减低机密文件被公之于世所带来的损害。她说：“披露机密文件不仅是对美国外交政策与利益的攻击，也是对整个国际社会的攻击。”

此事件确实冲击了许多国家对美国的外交的信任感，也造成了美国之外一些国家间的关系的猜疑。瑞典外长比尔特说，这将削弱全球的外交关系，首当其冲的是美国的外交。一些国家领导人对此事的评论似乎有“亡羊补牢”的意味。伊朗总统艾哈迈迪-内贾德说，泄露出来的文件并不会影响德黑兰与其阿拉伯邻国之间的关系。阿富汗则表示，自己与美国的关系并不会因为电报把阿富汗总统卡尔扎伊形容成一个疑神疑鬼的阴谋论者而受损。德国外长维斯特韦勒说，对欧洲政治人物的闲言闲语当然不让人喜欢，可是一些机密却可能让人有生命的危险。委内瑞拉总统查韦斯赞扬维基解密创办人阿桑奇勇气十足，他嘲笑“美帝国赤裸裸地站在世人面前”。

俄罗斯总理普京在接受美国有线电视新闻网（CNN）采访时称，维基解密网站公布的对他与俄罗斯总统梅德韦杰夫关系的评价既粗鲁又不道德。美国外交官指俄罗斯总理普京是蝙蝠侠，而梅德韦杰夫总统则是蝙蝠侠的助手罗宾。

以美国为首的西方国家对维基解密网站的围堵与其一向宣扬的新闻自由和网络自由发生了冲突，难怪在英国逮捕“维基解密”创建人阿桑奇之后，普京表示这有违西方所宣称的民主价值观。

三、兴利除弊是互联网建设的一大课题

网络信息技术之所以受到世界各国的高度重视，是因为人们认识到了它在推动人类社会政治、经济及科技文化生活中的重要作用。以互联网为核心的新媒体不只是一种工具，更是一种生活环境、工作环境和社会环境。

网络信息传播的超越时空优势和交互性特征，为跨国界、跨地区传播信息提供了便利条件。每一个上网的人既是信息的接受者，同时也是信息的传播者。有人把这种网上信息交往的状态形象地比喻为网上航行，认为它有一种令人欣喜和自由翱翔的感觉，就像一个孩子走进一个巨大的垛满货架的糖果店，没有大人的约束，突然感到眼前的一切全部免费，任你选取。

正是因为有了这种感觉，加之网络信息的传播缺乏约束力，如果部分网民的道德自律意识不够健全，个人隐私泄露和不良信息流通的事件就时常会出现。如前所述，这正是当前世界各国网络媒体所面临的新问题和新挑战。因而，我们在加快推进互联网普及和应用的同时，有必要

采取切实有效的措施，保障网络安全运行和网络信息安全流动。

概括地讲，我们应当从四个方面加强网络建设①：

一是提高公众的网络安全意识。当前，网民尤其是青少年网民自我保护意识和防护能力还较弱，很容易受到网上有害信息的侵害，以至影响他们的健康成长。因此，有必要广泛普及网络安全知识，提高公众网络安全意识，增强公众自我防护能力。

二是加强网络安全法制建设。在 20 世纪 90 年代互联网刚刚商用时，所谓“无国界、无法规、无统一的管理机构”的“三无状态”在全球范围内已经改变，不仅中国，许多国家都建立了相关法规，或者借用管理平面媒体的已有法规来规范网络信息管理。目前，中国已经颁布了《全国人民代表大会常务委员会关于维护互联网安全的决定》和国务院的《互联网信息服务管理办法》等法律和法规，政府有关部门也据此制定了相应规定。一些西方国家对中国“过滤”违反中国法律的信息常有负面的评论乃至攻击，这显然是缺乏常识的。

三是推动网民自律和互联网行业自律。净化网络环境，从根本说，需要每一名网民理性精神的增强和责任意识的觉醒。广大网民有义务严格自律，为网络文明建设做出自己的贡献；而互联网企业则要自觉承担社会责任，坚持依法经营，并自觉接受公众监督，依法维护公众利益。

四是广泛开展国际合作。互联网的重要特征是全球互联互通，维护网络安全需要世界各国的密切配合。为此，要拓宽国际合作渠道，建立政府、行业组织及企业之间多层次、多渠道的合作机制。

---

① 此部分内容参考了 2009 年 7 月国务院新闻办公室副主任蔡名照在第二届中英互联网圆桌会议上的讲话。

第十章

中国文化在传播中增强生命力

美国学者阿尔伯特·温伯格（Albert Weinberg）曾说："美国没有依靠军队的领土征服、控制他国政府、掠夺资源等纯武力方式，而是强调理念的征服力量。"[①] 之所以会这样，原因很简单——没有人心甘情愿做皮鞭下的奴隶，但如果是被外来文化所"征服"，则人们往往不会认为自己是俘虏，反而会觉得自己拥有了外来的文化，这就是文化不同于皮鞭的魅力。强势文化不仅有渗透力和影响力，也容易成为一种标准，使其他国家的人乐于接受这种文化。反之，一个失去了文化支撑的国家，要成为世界强国，是很难想象的。

① Albert Weinberg，*Manifest Destiny*：*A Study of Nationalist Expansionism in American History*，Chicago，1935，p. 240.

一、民族的振兴需要文化的振兴

人类跨文化交流的历史由来已久。在古代，佛教从印度输入到中国，在这之后中国成为了北传佛教的中心；日本和韩国参考了中国的汉字，成功地创造了本国文字，并促进了本国文化的发展；在日本明治维新之前，日本从中国引入了经“西学东渐”汉译的欧洲词汇；而在日本明治维新之后，中国又从日本引入了其在借鉴欧洲语言过程中新创的大量汉字词汇，从而丰富了本国词汇。[①] 这些案例充分说明，跨文化交流对于任何一种文化来说都是有益的。

西方历史上曾先后出现过三次霸权时代：罗马霸权、英国霸权和美国霸权。三大霸权的共同之处，除了都是以强大的经济和军事等硬实力为物质基础外，还无一例外的都以强大的文化等软力量为其精神基础。兹比格涅夫·布热津斯基（Zbigniew Kazimierz Brzezinski）在《大棋局——美国的首要地位及其地缘战略》一书中说：“罗马文化上的优越感，使得罗马帝国的使命感成为合情合理，也加强了帝国的力量。”英国也是如此，借助强势文化不仅把欧洲文化推向全世界，更使英语成为了世界性语言。而今天的美国也同样非常重视其文化、意识形态和所谓民主制度的建构和传播。

历史和现实证明，文化的断裂，必然导致民族的衰退；而民族的振

① 参见何芳川主编：《中外文化交流史》，北京，国际文化出版公司，2008。

兴，始于文化的复兴。只有在世界文化中占有一定的份额，才能成为文化大国。只有文化大国，才可能成为世界强国。从某种意义上说，谁喜欢上了你的文化，你就开始拥有了谁。

中国是四大文明发源地之一，中国古代的四大发明等文化成就对世界做出了重大贡献。但是，近几百年来，中国逐步落后，对外文化交流呈现严重的逆差状态。新中国成立后，尤其是改革开放以来，中国对外文化交流和传播的状况日益改观，取得了很大的成绩，但文化交流严重逆差的问题尚未根本改变；而与此同时，外国文化向中国的输入却一直在不断强化，使得形势更为严峻。毫无疑问，从文化的角度上说，一个国家的强盛，从长远和根本上取决于它的文化吸引力。中国要成为社会主义强国，必须要政治、经济和文化同时强大。

文化是活的生命，只有发展，才有持久的生命力；只有传播，才有影响力；只有具备影响力，国之强大才能有持续的力量。所以，文化不仅需要积淀，还需要振兴，需要创新。

二、中国文化在传播中增强生命力

文化不是数学方程，只要得出了正确的解，就可以否定掉其他的答案。不同的文化是可以共存的。文化，正是由于差异而精彩纷呈，每种文化都是世界文化大观园中的奇葩。不同文化之间的相互交流、学习和借鉴是让彼此相互理解、共同繁荣的重要过程。中国文化需要在对外传播中增强生命力。

2002年，玛格丽特·撒切尔夫人在其所著《治国方略——应对变化中的世界》（*Statecraft: Strategies for a Changing World*）一书中称，中国不会构成冷战时期苏联的那种挑战，因为中国现在还不是一个军事超级大国，今后也不太可能成为一个军事超级大国。这话本应该让人轻松起来，但是，撒切尔夫人紧接着又解释说，还因为中国没有那种可用来推进自己的权力而削弱我们西方国家的具有国际传染性的学说。今天，中国出口的是电视机而不是思想观念。2005年，新加坡内阁资政李光耀来上海时也提到，“中国的崛起不仅是经济硬力量的崛起，还有文化等软力量的崛起”，“中国的崛起不是靠航空母舰和海上军事力量来崛起，而首先是文化的复兴”。

两位外国政要都说出了同一个道理：一国要对世界产生影响，不仅靠军事力量，重要的是依靠文化力量；要成为世界强国，首先必须成为一个文化强国。

我们必须提醒自己，不能永远躺在祖先的功劳簿上，分享祖先的光荣。文化不是化石，化石可以仅凭借其古老而价值不衰。文化也不是文物，可以只强调其考古价值。文化需要在发展和传播中获得持续的生命力。

在对外文化交流中，我们对于文化的差异要有一个正确的态度——许多不同类型的文化能够共融、共生，才是一种理想的、更高级的文明。对待国际上的文化冲突，不外乎存在这样几种态度：一是尊重其他国家的文化，特别是尊重其中的精华，进而形成不同文化间的互补。比如：中国在历史上曾多次吸收外来文化，并产生了很好的效果，其中最为典型的包括佛教的传入、明朝以来的“西学东渐”，以及马克思主义的输入等。二是忽略文化间的差异，不研究，也不理会，这就可能形成交流障碍。三是对异文化持歧视态度，认为只有自己的文化最高级，别人的文化都不行，这就难免产生冲突。特别是在宗教问题上，如果持有这第三种态度，就会导致不同信仰之间的冲突，而这种冲突如果被政治所利用，就可能发生战争，这在历史上已是屡见不鲜的事实。由此可见，以一种宽容的态度来对待文明，是促成世界和平、和谐的最高阶段的文明。在中国，儒、释、道长久以来的和谐共处就是这方面的典范。

> **我们必须提醒自己，不能永远躺在祖先的功劳簿上，分享祖先的光荣。文化不是化石，化石可以仅凭借其古老而价值不衰。**
>
> **文化需要在发展和传播中获得持续的生命力。**

三、中国对外文化传播存在“赤字”

随着经济全球化和信息技术的发展，各国政治、文化方面的交流不断加深：外国人到中国来，带着他们的文化来；我们走出去，带着中国的文化去。同时，互联网的普及和发达，再加上学外语的热潮，使得文化的国际传播大为方便了。但是，由于国家发展程度不同和文化差异等原因，像许多发展中国家面临的情况一样，中国的文化对外交流和传播严重“入超”，存在“文化赤字”。

当前，中国文化向世界的传播和对世界的影响力，与中国文化本身的内涵、蕴力相比，相差甚远。多数外国人对中国的印象除了长城，就是大熊猫和“功夫”，至于中国文化的精要和中国这些年来所取得的进步，则鲜有所知。实际上，中国的文化产品，如图书、戏剧、舞蹈、音乐等，都不乏上品，但出口国外的还太少。

（一）图书贸易存在逆差

近十年前，中国图书进出口的版权贸易大约是10∶1的逆差，出口的图书主要是到一些亚洲国家和我国的港澳台地区；而与欧美之间的逆差则达100∶1以上。

不过，这种情况正在逐步改观。近年来，随着新闻出版业改革开放的全面推进，以及“中国图书对外推广计划”等的成功实施，中国图书“走出去”的模式不断创新，版权贸易结构逐年改善，版权贸易逆差大幅下降，引进输出比例从2005年的7.2∶1下降到了2009年的3.3∶1。

（二）音像制品、电子出版物的贸易存在逆差

从全球文化的大范围看，中国艺术被接受和认可的程度还不高。一个很典型的例子是：在许多国家，有人如果听不懂贝多芬、莫扎特、巴赫的作品，就被认为是不懂音乐；但如果是听不懂《二泉映月》，则不会带来这样的质疑。与之形成较大反差的是，韩国服装、韩国电视连续

剧、韩国歌舞被称为“韩流”，广泛向世界传播；日本的动漫，在中国得到青少年的广泛喜爱。几年前的一项调查显示，中国青少年喜欢日本动漫的占 60%，喜欢欧美动漫的占 29%，喜欢中国动漫的占 11%。此外，中国电影的出口量和国际影响力与发达国家之间也存在较大差距。

根据新闻出版总署的统计，2008 年全国出版物进出口经营单位累计进口音像制品、电子出版物贸易额为 4 556.81 万美元；同年出口音像制品、电子出版物贸易额为 101.32 万美元。相比之下，进口额是出口额的 40 多倍。

（三）语言教育“出口”的“逆差”

在语言文化方面，中国和西方的交流也处于严重逆差状态。

以中美之间为例，美国的中小学开设中文课程的数量在近年来才逐渐开始增多，3 000 多所大学里，也只有近 800 所开设了汉语课程，除了汉语专业的，都是选修课；而在中国，所有的大学、中学和大部分小学都开设了英语必修课程。

在英国，教育和培训服务也已成为重要的对外出口产业。2005 年 3 月，英国《卫报》和《泰晤士报》报道了英国财政大臣布朗中国之行的一个任务：文化出口。《卫报》的报道说，布朗在中国第一天的主题是：教育，教育，还是教育。布朗认为，英国在继续进口越来越多的家电、服装和其他产品的同时可以用出口一样东西来平衡，这就是英语。英语教学作为一项出口，它的价值在此前五年里已经从 65 亿英镑增加到了 103 亿英镑，大约相当于当时英国 GDP 的 1%。

从以上这些案例可以看出，中国对外文化传播的赤字和入超，与跨文化差异和障碍相关，但归根结底，还是因为我们的文化“软力量”本身不够强大。提高中华文化对外传播的力量，是关系到全民族振兴的重大事业。

四、开发中国的跨文化“产品”

文化交流是政治、经济交往的基础。有了强大的文化资源作为基础，很多事情就可以较顺利地开展下去。形式多样的跨文化产品，是文化对外交往的重要载体。当前中国主要的跨文化产品包括以下种类：

（一）对外出版物

以图书为代表的出版物是人类文化最重要的载体之一，但是由于语言差异，无形中限制了这些文化资源在不同民族、不同国家间的共享。如果我们能够克服跨文化交流中的语言等种种障碍，促成不同语言、不同国别和民族的人对文化资源的共享，不但能够促进中国文化的对外传播，也有助于世界更好地了解中国。针对外国阅听者，出版易于传播的外文图书、杂志、影音资料等文化产品，正是实现这一目标的重要路径。

近年来，中国出版的外文图书质量和数量在逐渐提高。随着新闻出版业改革开放全面推进，“走出去”模式不断创新，渠道逐步多元化，版权贸易结构逐年改善，版权贸易逆差大幅下降。杂志方面，除国务院新闻办公室系统主办的《北京周报》、《中国画报》、《今日中国》等外文杂志外，边境省区也创办了邻近国家文字的杂志，主要有《吉祥》（缅甸文）、《湄公河》（泰文）、《占芭》（老挝文）、《布达拉》（藏文）、《伙伴》（俄文）、《大陆桥》（俄文）、《金桥》（韩文）、《索伦嘎》（蒙文）等。

在立场正确的前提下，针对外国阅听者的出版物需要注意读者的接受习惯和语言风格，因为只有在读者能够接受和理解的前提下，作品的精神内涵才能得以传播。在过去的很长一段时间内，我们的外文出版物中少有精品——或选题不当，或风格不当，或翻译粗糙。实际上，精品绝不是闭门造车凭空想象出来的，对传播对象进行深入的研究，在此基础上进行反复的思考和酝酿，再加上严谨的创造、生产过程，任何一个环节都至关重要、不可偏废。

比如说，对外影视作品不仅要使观众听得懂，而且还要关注他们的接受心理。在一次对外影视“金桥奖”的颁奖仪式上，有人问我，介绍中国的专题片的解说词需不需要“文学性”，我的回答是明确的，做电视片不能不讲究文学性，不仅图像美，语言也应该美。

浦东开发初期，我曾看过不同单位拍过的多个关于浦东开发的纪录片，对其中几部不太满意。原因有这样几点：冗长，解说词太沉重，听着太累，数字太多，觉得像听工作报告，让观众也没有精神去欣赏画面了。而且，有些片子还往往爱无确切根据地说“世界第一”、“中国第一”，这样的语言国内观众都不爱听，国外观众可能更不爱听。用简单明了的语言说明比较复杂的问题，是一种好的解说词；用比较复杂的语言解释一个复杂的问题，算及格；用了复杂的语言却没有说清楚，那就是不及格。

（二）各类文化交流活动

多年来，中国政府通过实施“走出去，请进来”战略，举办各类文化交流活动增进国际理解和沟通，取得了不错的效果。如：从 1999 年开始，我国每年都要在一些国家举行“中国文化周”或“文化年”，起到了很好的促进交流和增进友谊的作用。

以我在 1999 年参与策划的、由国务院新闻办公室主办的“法国中国文化周”为例。该活动于当年 9 月 1 日到 12 日在巴黎举行，其间十万余人参加了展览、演出、主题论坛、文化讲座等各种活动，被法国舆论誉为“中国文化和西方文化的一次拥抱”、“一次真实的触摸”。

我在活动中做了《面向 21 世纪的中国人》的主题报告，其中谈到，“中国人是以落后与屈辱的面貌进入 1900 年的。那时的中国有妇女缠足的陋习，如果说中国人当时正是用这样一双畸形的脚挪入 1900 年的，那么 100 年后，中国人却是以健康、坚实的步伐迈进 2000 年的。中国女足运动员孙雯临门一脚，争得了世界女足的冠军，令世界震惊。中国人在世界运动场上能取得多项冠军，这在 50 年前是不敢想象的。”同时，我在说明中国的婚姻、家庭、教育等方面一个世纪来的变化时，也引入了罗丹、伏尔泰、巴尔扎克这些法国历史名人与中国的情结等，这样就把处于不同文化背景之下的人之间的距离拉近了。

“法国中国文化周”活动举行时，横穿上海浦东的世纪大道正在建设之中，我们把模型拿去展览，可是在预展时却未被观众重视。于是，我们就在“世纪大道”前面加上一个副标题——“中国的香榭丽舍大街”，这立即引起了观众的兴趣。

再举个“请进来”的例子。1999 年，国务院新闻办公室促成时代华纳的《财富》全球论坛在上海召开，论坛的主题为“中国未来 50 年”。《财富》论坛的收获不只是通过国内媒体的大量报道，中国公众特别是广大企业家对跨国公司在全球经济中的主导作用看得更清晰了；同时，参加会议的位属全球 500 强的许多位总裁与中国企业家的现场对话也使双方都受益匪浅。而通过境外媒体的大量报道，外国公众比较具体地了解到中国经济的飞跃发展，外国企业家更进一步发现了能够容纳他们投资的“新大陆”的潜力有多么大。外国与会者在会议举行地看到不到十年就建成的浦东新区初貌，惊叹不已。2005 年《财富》论坛在北京再次举行，这次的主题为“中国和新的亚洲世纪”。这一次把中国和亚洲的经济结合在一起讨论，并展望了中国经济将在世界经济中承担的可能的重要角色。中国企业家在论坛上与国际一流企业家足以匹配，对话的水平较之上次上海论坛有长足的进步。

在“走出去”方面，海外孔子学院的建立就是一个成功案例。

案例　孔子学院让中华文化走出国门

鉴于语言教育方面存在“逆差”，而国外公众汉语学习需求逐渐增大的现实，中国从 2004 年开始在海外设立孔子学院，对外国人教授汉语，如同英国文化协会（British Council）① 一样运用本国的语言教育进

① 英国文化协会于 1934 年成立，致力于促进英国文化、教育、国际关系之拓展和交流，在全球一百多个国家、两百多座城市设有分部。1943 年起英国文化协会在中国大陆、中国台湾及中国香港陆续成立办事处，提供英式英语教学、英国期刊、留学情报以及各领域消息、免费咨询等服务，并与外交机构有合作计划。

行公共外交。作为一个非营利性教育机构，孔子学院以“增进世界人民对中国语言和文化的了解，发展中国与外国的友好关系，促进世界多元文化发展，为构建和谐世界贡献力量”为宗旨，其主要职能包括：面向社会各界人士开展汉语教学；培训汉语教师；开展汉语考试和汉语教师资格认证业务；提供中国教育、文化、经济及社会等方面的信息资讯；开展当代中国研究。

几年来，孔子学院建设快速发展，截至2009年底，已在88个国家和地区建立了282所孔子学院和272个孔子课堂（在中学）。孔子学院（课堂）采取因地制宜、灵活多样的办学形式，面向大中小学、社区和企业，教授汉语，推介中华文化。据统计，2009年，孔子学院共开设各类汉语课程9 000多班次，注册学员26万人，举办各种文化交流活动7 500多场次，参加者达300余万人。

从2005年到2009年，孔子学院总部共计培训、派出汉语教师和志愿者近2万人，教授学生300多万人。教师和志愿者用自己的实际行动向“世界说明中国”，被誉为中国的“民间大使”和“当代中国读本”。

孔子学院坚持汉语教学和传播中华文化并重，在教授语言的同时积极开展武术、中医、烹饪、书法等文化活动，较好地适应了各国汉语学习者的多样化需求，受到当地人民的广泛欢迎。它为推动中外教育、文化交流，增进中国与各国人民之间的理解和友谊，开辟中国公共外交的新渠道，提升国家“软实力”做出了重要贡献。

五、中国图书走向世界的机遇与策略

近年来，中国图书走向世界面临着难得的机遇。第一，随着中国对世界政治、经济、文化的影响越来越大，对中国有兴趣的读者逐渐增多；第二，由于中国作者的成长，中国图书中具有世界性高水准的作品比以往更为丰富，并且其中有不少优秀的作品获得了翻译成外文的机会；第三，随着新一代中国移民和学习中文的外国人越来越多，海外中文图书读者数量也正在增多。

在这样的情况下，中国出版的图书国际发行渠道不畅是首先要解决的问题。中文图书每年大量出版，但是用于出口，作为文化交流的数量却很少。而出口的图书也多流向国外的图书馆，国外的终端读者在书店基本买不到中国出版的中外文图书。

案例　“借船出海”建立图书海外出版发行渠道

在国外建立销售渠道是一项很专业的工作。如果能够“借船出海”，利用国外已成熟的发行渠道来推广我们的图书，将节约大量的时间和经济成本。“中国图书对外推广计划”就是在此背景下实施的。

2006年，中国新闻出版总署和国务院新闻办公室主持的“中国图书对外推广计划”经试运行后正式推出，通过资助翻译费用的形式，鼓励国外出版机构翻译出版中国图书。2009年，该计划的加强版，以资助系列图书为主的“中国文化著作翻译出版工程”启动，将资助的范围视情况拓展到出版费用和推广费用。

按照这两项计划，国外出版机构在购买了中国图书的版权并得到翻译费的资助之后，即可在该国出版并直接进入销售渠道。这比由中国自行翻译、出版有事半功倍的效果。同时，这种模式也大大提高了翻译水准。图书翻译实际上是二度创作，以外语为母语的翻译者用适合本地读者的思维习惯和话语体系对原作进行翻译和创作，容易使中国文化通过图书进入外国读者的视野，使其通过读书来感知中国、了解中国。

在“中国图书对外推广计划”及“中国文化著作翻译出版工程”的资助下，中国图书以较大步伐走向世界，到2009年底，我们共与46个国家、246家出版机构签订了1 350项资助协议，涉及1 910种图书、26个文种。

从以上这个案例可以看出，中国出版界的国际运作经验逐渐丰富，对国际图书市场的运作规律更为熟悉。不过与发达国家相比，中国图书的对外推广还有较大差距，依旧任重而道远。

除了渠道，图书的选题也是对外推广题中首要之义。选题不对路，书印得再精美，也会被束之高阁。对外说明中国，介绍中国，推销中国文化，不像销售一般物质产品那么容易。选题过程中请国内外有关领域的专家共同论证是个好办法。过去，我们出版的外文图书有的太过专业化，只适合少数外国人中的“中国通”。要知道，外国人和中国人一样，即便是专家、学者，在其专业以外的领域，知识储备一般而言就是普通的水平。记住这点很重要，否则，书出得太过深奥、太过专业，就没有人看。

在选题策划方面，《犹太人在中国》这本书的出版和传播是一个成功的例子。

案例　跨文化产品力求出精品

大家知道犹太人是曾经长期失去了祖国的民族，到处受到排挤。历史上曾有几批犹太人到过中国，其中最有影响的是在1934年到1937年间，一批欧洲犹太人为逃避纳粹迫害到上海避难。当犹太人在世界各地受迫害的时候，中国不需要签证而允许他们到上海避难，上海居民还给犹太人提供了尽可能的帮助。由此，国务院新闻办公室出了名为《犹太人在中国》的历史画册。画册于2001年出版后受到了国内外的好评和欢迎，已多次重印，并被译成了德文和法文。2002年10月，时任国家主席的江泽民访问美国，我国驻美使领馆向美国各界赠送这本画册，受到热烈欢迎。同样，在以色列、加拿大、澳大利亚、德国等许多国家，这本画册也受到了热烈欢迎。

有的媒体赞扬此书“一本书感动了一个民族”。德国前总统约翰内斯·劳称赞画册非常有意义和价值，德文本的翻译也很有水平。以色列中国友好协会会长考夫曼将画册放在他办公室最醒目处，并一再赞扬画册为中犹两个民族和中以两个国家之间的友谊做出了巨大的贡献。以色列前总理奥尔默特看到画册中他父亲的照片时非常激动，他说他的祖父葬在哈尔滨的犹太人墓地，保存良好，至为感谢。美国前财政部长布鲁门撒尔阅读画册时回忆起了他在上海度过的难忘岁月。美国前国务卿基辛格和前世界银行行长沃尔芬森专门致信，对这本画册的出版表示祝贺和感谢。美国前贸易代表巴尔舍夫斯基说："我将把这本画册作为传家书来保存"。北美的两个犹太人纪念馆将画册中的部分照片作为它们专门举办的展览的内容。

第十一章

中国形象和“中国模式”

近几年来，国际社会对于与中国的国际形象紧密相关的、中国30年来的发展道路，冠以“中国模式”并进行了广泛的评论。最初是中国问题专家库伯·雷默（Joshua Cooper Ramo）经过多年的观察和研究，提出了所谓的“北京共识”①。他认为中国的发展模式是一种适合中国国情和社会需要、寻求公正与高质增长的发展途径。他把这种发展模式概括为“北京共识”，主要包括三方面：艰苦努力、主动创新和大胆试验；坚决捍卫国家主权和利益；循序渐进、积聚能量。其中，创新和试验是“北京共识”的灵魂，强调解决问题应因事而异，灵活应对，不求统一标准。

此后出现了很多从不同角度定义和评论“中国模式”的文章和专著。这些作者对“中国模式”的解释并不相同，由此生发的评论也相差

---

① “北京共识”的提法源于美国《时代》周刊高级编辑、美国著名投资银行高盛公司资深顾问库伯·雷默在英国伦敦外交政策中心发表的一篇调查论文。文章指出中国通过艰苦努力、主动创新和大胆实践，摸索出一个适合本国国情的发展模式，并称这一模式为“北京共识”。

甚大，许多相当客观，但其中也有颇为意识形态化的“中国威胁论”的论调，提出警惕“中国模式”的输出。

我和未来学家约翰·奈斯比特以及多丽丝·奈斯比特曾就“中国模式”进行过讨论。[①] 美国驻俄罗斯前特别大使斯迪芬·瑞纳司密斯博士认为，这场讨论为人们理解中国领导层为什么继续称自己是共产主义者，中国领导层如何看待西藏、达赖喇嘛、中国和民主，以及中国为什么不将自己的发展模式作为世界其他国家的模式等提供了前所未有的观点。这些观点与许多西方人的想象大相径庭。

其实，“北京共识”或“中国模式”不是中国提出的。

“模式”（model）一词含有示范、样本（pattern）的含义，但是中国并无此示范之意。所以，我们用“中国模式”这个词就得十分小心，它应该是概括了中国 60 年以来，尤其是实行改革开放 30 年以来，中国社会发展的理念、政策、实践、成果和存在的问题。需要明确的是，这个模式或案例处于现在进行时，它还在发展中。我更倾向于以“中国案例”替代“中国模式”。“中国案例”是指中国 30 年发展的记录，不必涉及意识形态的纠缠。

> **不同国家的作者对“中国模式”有不同的界定，用“中国案例”来表示改革开放以来中国社会发展的理念、政策、成果和存在的问题，则更为客观和清晰。**

“中国模式”或“中国案例”最简单的描述是，中国的社会主义基

① 关于这场对话详见本书实践篇，或参见赵启正、［美］约翰·奈斯比特、［奥］多丽丝·奈斯比特：《对话：中国模式》，北京，新世界出版社，2010。

本制度和市场经济相结合，它至少包括这些内容：

1. 坚持中国特色的社会主义制度，坚持中国共产党领导的多党合作制；

2. 坚持结合中国国情的改革开放政策，实行市场经济和进行循序渐进的政治改革；

3. 高效率的政府，高度负责地管理国内事务和恰当地对经济进行宏观调控；

4. 在经济全球化的国际竞争中，遵循国际规则；随着中国国力的增长，逐步地承担更多的国际责任。

英国学者马丁·雅克（Martin Jacques）有一本新书《当中国统治世界时》（*When China Rules the World*）[①]。他推断在2050年中国将成为最大的经济体（高盛推断在2050年中国经济总量将是美国的两倍），这是过于乐观的预言，即使如此中国的人均GDP仍然远低于美国。幸而雅克最后的结论与骇人的书名相反：中国不会统治世界，他认为从中国崛起可以看到中国文化的复兴，中国会重新进入世界优秀文明的前列位置。欧美人可能会更多地阅读孔夫子，中国人可能会更多地阅读莎士比亚。

中国没有输出“中国模式”的任何打算。有的发展中国家，愿意参考中国改革开放的某些做法，正如中国愿意参考他国的经济社会发展的某些做法一样，在全球化的浪潮下，这是自然而然的事情。

---

① 中文版《当中国统治世界：中国的崛起和西方世界的衰落》已由中信出版社于2010年1月出版，作者：[英]马丁·雅克；译者：张莉、刘曲。此书观点震惊了西方世界，书中提出：随着中国的崛起，西方将丧失文明操纵权，世界将按照中国概念重新塑造。作者马丁·雅克是一位中国通，且痴迷于中国文化，在创作这部书的过程中，他与中国很多知名专家进行过深入的交流。

输出“中国模式”违反了中国坚持的、与中国国情相结合制定政策的原则。不只中国，任何发展中国家的发展政策也都必须由各自的国情出发，也就是说，“中国模式”没有普适性，正像已经高度发达的国家的模式也没有普适性一样。

> **输出“中国模式”违反了中国坚持的、与中国国情相结合制定政策的原则。不只中国，任何发展中国家的发展政策也都必须由各自的国情出发。**

限定在多元文化背景下的宏观意义上的普适性，如“博爱”、“和平”、“民主”、“自由”等显然是有普适价值的。但如具体到某一民族、某一国家、某一宗教，这些概念下的价值观和具体制度又会有所区别，会有不同的特色，而这些特色对应着不同的国家、民族和不同的历史时期。

美国霍普金斯大学的弗朗西斯·福山（Francis Fukuyama）认定当今的西方政治和经济制度已经是最后的制度，几近完美，所以历史已经终结。他不仅没有给西方创造新模式留下余地；更没有给其他国家的已经存在的和以后可能产生的新的社会模式留下任何余地。他不顾及不同的国家有不同的历史、文化和其他属性，而以西方的民主制度和自由市场形式为唯一标准，违背了多元化世界的现实，规定了历史必然终结为他所指定的模式。不过在日本杂志《中央公论》2009 年 9 月号对福山的专访《日本要直面中国世纪》中，福山表示或许人类思想宝库需要为中国传统留有一席之地。他认为中国发展模式的价值内核可以概括为“负责任的权威体制”。

“中国模式”或“中国案例”处于现在进行时。“中国模式”存在于中国，并会继续发展和完善，这是有充分理由的。中国在取得显著进步的同时，还出现了许多必须克服的困难，其中突出的是：经济增长的资源环境代价过大；城乡、区域、经济社会发展仍然不平衡；过多依靠出口的经济结构；农业稳定发展和农民持续增收难度加大；劳动就业、社会保障、收入分配、教育卫生、司法和社会治安等方面关系群众切身利益的问题仍然较多，消极腐败现象仍然比较严重。中国高度重视这些问题，面临的挑战是如何继续进行改革并强化法制建设，以加快解决这些问题。

中国对于超级大国的位置既不羡慕，也不憧憬，她许多年以来专注于国内建设和解决自己的问题。随着中国综合国力的增长，中国也愿意努力承担与国力相符的国际责任。例如，在过去，联合国维和活动中国没有参加；而现在，中国是安理会五个常任理事国中提供维和兵力最多的一个。在应对人类所面临的共同挑战中，如气候变化、环境污染、自然灾害、恐怖主义、跨国犯罪、毒品泛滥、疾病流行等等，中国逐年扩大了参与度。

中国对于超级大国的位置既不羡慕，也不憧憬，她许多年以来专注于国内建设和解决自己的问题。随着中国综合国力的增长，中国也愿意努力承担与国力相符的国际责任。

国际舆论对中国模式的评论，无论其角度如何，包括中国不赞同的观点，对中国都有参考的意义。中国目前所处的中国特色社会主义初级阶段还需要继续在长时期的实践中完善。也许到 21 世纪中叶，中国达到了中等发达国家的水平，自己才能对“中国模式”或“中国案例”有更为深刻的认识。

下 实践篇

公共外交与跨文化交流

一

公共外交，人人有责

——与吴建民大使论公共外交

交流需要跨文化

赵启正（以下简称“赵”）：交流不仅是语言问题，更有文化上的问题，不仅各国不同，中国的不同省份，文化也有所不同。我在一些场合发现，一些人的外语很好，但在交流中还是有误会。即便都是中国人，有时在交流中也还会有问题！

吴建民（以下简称“吴”）：语言好并不等于彼此了解对方的文化。语言好，又看了很多书，比较多地了解对方的文化，这样交流就好多了。

赵：光有文化上的沟通还不够，还要有跨文化的交流。中国地方大，各地有自己的方言，就有本地文化；方言差异越大，地缘文化差异越大。比如北方各地区的文化差异，比起南方各地区的文化差异就小多了。中国南北方文化差异在生活方式上就有明显表现，1975 年我刚到上海工作时，和同事们一起吃饭，却不能替同事付钱，非得 AA 制不可，北方人则不习惯。

吴：语言是文化的载体，一般来说，精通一国的语言，往往也会比较多地了解这个国家的文化。我用法文起草讲话稿与用中文起草，风格完全不同。我也非常同意您刚才说的，中国不同地区，由于方言不同，文化也不同。比如广东，广府文化、客家文化和潮汕文化就有差异，这三个地方方言也不同。客家文化崇文重教，轻视做生意，一人考中大学，全村人庆祝，一人赚了钱回家乡，却不愿露富，因为人家看不起；广府文化则重视经商。

赵：我在北京和上海各生活了几十年，两个地方的幽默感不同，如上海的滑稽戏，即便常住上海懂上海话的北方人也听着不滑稽，幽默感的差异如此之大，很令人惊异。一个城市的人到农村去，问农村的老伯伯洗手间在哪里，老伯伯说，我这儿有洗脸盆，没有洗手间。实际上这是农村文化和城市文化的差异。中国人之间尚有这样的误会，外国人和中国人之间产生误会也就不足为奇了。

吴：你这个例子深入浅出。我们在同外国人打交道时，文化的差异会经常表现出来。比如中国人热情好客，但有时会让人感到强加于人。敬酒，中国文化和欧洲文化差异很大，中国人吃饭，站起来一个接一个给人敬酒，往往不管人家与邻座在交谈。中国人对此完全接受，外国人就不接受。敬酒，中国人一定要人干杯，把酒喝干，法国人则不勉强；碰杯也是中国人一定要碰，法国人就是举起杯子比划一下，不一定碰杯。饮酒时，倒好酒，法国人先拿起杯子晃一晃，闻一闻酒的气味，看一看酒的颜色，再慢慢咽下去，还用很多词加以形容，比如“酒入口像天鹅绒”。中国人则对味道不是很讲究，就是要把酒干下去，表示一种感情、一种友谊。

赵：我来解释一下为什么有这样的区别。在中国，一般人认为，能够豪饮的人，要么是才子，要么是英雄，“李白斗酒诗百篇”，“武松三碗能打虎”，所以我请你多喝一点，是视你为英雄。“酒逢知己千杯少”，就视你为我的知己了，毫无恶意。但碰到欧洲人，他会觉得你在强迫他喝酒。可是日本人和韩国人跟中国人有点像，也是讲究豪饮的。所以我们在考虑文化差异时，不是简单的中外差异，而是中法差异、中日差异、中韩差异……所以如果我们没有普遍接触中国各地和世界各国的人，这种误会是难免的，您看如何避免?

吴：我想最重要的是知己知彼。比如请客，周总理有句名言“客随主便”，我到别人那儿做客，就尊重人家的习俗；人家到我这儿，“主随客便”，这样都是谦虚的。周总理给我们国家交了那么多朋友，他访问非洲两次，时间都不长，但至今非洲朋友还非常怀念他，这跟他的文化修养很有关系。

赵：拿普及教育来说，假设中国的普通中学生常用词汇有 3 000 个，某个国家的中学生词汇也是 3 000 个，但这两本词汇表不一样，尤其是描写感情和表达相对抽象概念的词，难以完全对应。但在交流中，有时这种差异容易被忽略，也会引起不能准确理解的问题。

吴：是的，因为人们了解对方总是有限的，“主随客便”，“客随主便”，就是要尽量了解人家、尊重人家。人们在交流时，往往以自己的视角来理解对方，因为不能脱离自己的文化基础、成长环境和话语体系，有时就容易出现一些误解。

公共外交，人人有责

赵：中国在崛起的过程当中，不会走一条平坦的大道，某些国际势力在歪曲中国，在宣传“中国威胁论”，要想减少这种阻力，就需要我们加强公共外交，面对面地向外国公众说明中国的实情，回答有关中国的问题。

吴：您近年写了几篇提倡加强中国的公共外交的文章，您说国际对话不只是政府间的对话，也需要公众更广泛地参与对话。

赵：是的，公共外交是国家整体外交的重要组成部分。近年来，您以外交学院院长、前大使、国际展览局主席和学者身份与外国政府官员、学者和非政府组织广泛接触，参加各类国际论坛，从各个角度介绍中国国情，同时了解到外国各界对中国的认识，您无疑是做了典型的公共外交工作。

以北京奥运会为标志，中国进入了“公共外交”的时代。奥运会期间，志愿者、出租车司机、普通市民都成为公共外交的参与者，都在对外表达现代中国的精神。正可谓：公共外交，人人有责。

吴：民众对外表达的影响是很大的。我夫人施燕华在卢森堡当大使的时候，丹麦驻卢森堡大使见了施燕华就夸说中国人真好，心地很善良。什么原因呢？那年他让 18 岁的儿子到中国旅游，他说这是世界上经济最有活力的地方，你亲眼去看看。给他钱不多，不许住高级饭店。男孩子一个人在中国跑，半夜坐硬座车，天热，就把鞋脱了，因为袜子几天没洗，有味，于是干脆把袜子也脱了。一觉醒来，发现袜子有人给他洗干净了，晾在那儿，是谁洗的，对面的一位大妈。这位大妈就是中国人啊，她想自己的孩子也可能这样，就给他洗了。就由于这件事情，这位丹麦大使到处说中国人真善良，这也是公共外交。

赵：这真是个好例子，没有语言的公共外交。我所在的中国人民大学的程天权教授（中国人民大学党委书记）访问美国密苏里大学时，他在晚上十点多散步，遇到一位老人找不到自己的家了。程教授决心把他送回家，一家一家敲门去问，他们进入一家院子时，主人竟端着步枪出来了（在美国不经允许进入私人院子是违法的）。他们继续折腾了一个多小时，总算把老人的家找到了。不会外语的中国老大妈和会外语的中国教授都表达了助人为乐的传统，这也有公共外交的效果吧！

吴：我国每年有大量的各种代表团、考察团出国访问，单在巴黎，每年大约就有 300 多个中国各级政府的代表团到达。可惜的是他们当中很多人不愿应邀演说或面对记者。已经到了国外，花了旅费，却不接受可以表达中国的机会真是可惜。

赵：我们看外国，外国人看中国，都不能只看报纸、电视，那容易片面理解，人与人的交往才是真切理解的机会。如今，“公共外交”在一些大学里已经是选修课了。

文化对话最有利于民族间的相互理解

吴：地球是人类唯一的共有家园，建立一个持久和平、繁荣发展、互利共赢、同享福祉的和谐世界是人类的共同心愿。但是当前世界还存在许多不尊重别国主权，以大压小，以强凌弱的现象，或者因为宗教信仰而导致的民族矛盾。如何解决？途径只有一个——通过国际交流和对话。

赵：由于卫星电视和互联网的普及，加之大型喷气客机的普及，在同一个地球的六十多亿人，有了天涯若比邻的感觉。一个国家就是村里的一户人家，不能再“鸡犬之声相闻，老死不相往来”了。

吴：日本学者池田大作在《对话的文明》一书中写道：“‘要建造一切国家站在平等的立场上互相帮助的世界!’这是敬爱的周恩来总理在逝世一年前跟我说的话。为此而不可欠缺的，就是把人与人、民族与民族以及文明与文明联系起来的‘对话’。我和很多人一样，怀着这种信念，奔走于世界，在各个层面，不断扩大和平和友好的‘对话’。”这对我们很有启发。

赵：国家间的对话也是通过人去进行的，因此人的品质和态度就一样会带到对话中去。成功的国际对话必然是双方或多方各有合理的妥协或让步，并分享成功的结果。不成功的对话必然至少有一方不肯让步，当然如果让步涉及国家利益，不让步也可能是有理的或正义的。

吴：怕就怕有霸气，总以强势压人，总以为真理在他手上。

文化对话最有利于民族间的相互理解，是一切交流的基础。

赵：国际对话中包括的种类很多，不都是政治谈判，虽然其中会带有政治性。许多对话是没有明显政治性外表的，如文化对话，文化对话最有利于民族间的相互理解，是一切交流的基础。文化对话不一定要求达成一致认识，能够加强彼此的了解就算有收获了。

（节选自赵启正、吴建民：《交流，使人生更美好——赵启正 吴建民对话录》，世界知识出版社，2010年4月版）

二

“中国列车”行驶在和平发展的轨道上

——与未来学家约翰·奈斯比特及其夫人多丽丝的对话[①]

观察中国的困难和观察中国的方法

我和奈斯比特夫妇讨论了观察中国的困难和观察中国的方法。我们认可中国是一辆疾驶的列车，列车不仅很长——有 30 多个省市，而且乘客很多——56 个民族的 13 亿人。有人站在路边，有人站在万里之外，但都无法看清运动中的列车的外形，更看不清楚车内的情况，于是描述不准的情况在所难免，遑论较准确的评论。奈斯比特夫妇是在中国列车上考察中国的少数西方作家之一（另一位令中国人印象深刻的作家是罗伯特·劳伦斯·库恩博士，他在《中国 30 年：人类社会的一次伟大变迁》[②] 一书中提出了中国改革的四个指导原则，也是一种新鲜的角

① 约翰·奈斯比特，美国未来学家，出任过肯尼迪时期的教育部部长助理和约翰逊时期的特别助理，以《大趋势》（1982）一书奠定其全球趋势大师的首席地位。多丽丝·奈斯比特，《中国大趋势》作者之一，自 2006 年开始，与约翰·奈斯比特一起指导位于中国天津的奈斯比特中国研究院的工作。2009 年，笔者和约翰·奈斯比特及其夫人多丽丝就中国发展模式等问题有过数轮对话。

② ［美］罗伯特·劳伦斯·库恩：《中国 30 年：人类社会的一次伟大变迁》，上海，上海人民出版社，2008。

度）。我们三人在对话中讨论了这样一个问题：即使在“中国列车”上考察中国也非易事，面对中国34个省级行政区发展的不平衡、13亿人口的贫富不均、各地区地缘文化的差异，要想认识到中国的本质究竟该用怎样的方法。

（节选自笔者为《对话：中国模式》一书所做的序言）

“中国列车”的轨道是和平发展的轨道

对话中，多丽丝问了我一个近乎哲学性的问题（我一向认为以德语为母语的人往往擅长哲学思考）：表述中国的社会制度能不能像表述西方社会制度那样的简明？我承认，表述中国社会制度的确需用较多的语句，其理由是：西方社会制度已经有近200年的历史，而中国的社会主义制度只有60余年，实行改革开放甚至只有30余年的历史，因此，解释中国就不得不说较长的话。但我相信再过30年或50年，当中国的事情也为全球所熟悉时，就有可能像多丽丝所希望的那样用较简明的语言去描述了。我也相信，“中国列车”的轨道是和平发展的轨道，中国在建设和谐社会的过程中也会对世界的和谐有所贡献。

（节选自笔者为《对话：中国模式》一书所做的序言）

速度与稳定之间要有一个微妙的平衡

多丽丝（以下简称“多”）：作为一个西方人，我感觉中国现在的发展像高速列车，速度太快，是不是需要减速？

赵启正（以下简称“赵”）：这几年，我们也在想这个问题：我们有没有必要每年保持甚至超过10％的增长。我们感到需要稍微放慢一点，稍微控制一下速度，较全面地、用心地考虑一下中国发展中出现的关系国计民生的不平衡问题、文化发展问题、环境建设问题。这符合中国领导人胡锦涛近年提出的"科学发展观"的理念，不只看GDP增长速度，还要看整个社会的进步，并保持可持续的发展。

约翰·奈斯比特（以下简称"奈"）：我觉得发展既要有速度又要有质量，在这两者之间其实要维持一个非常微妙的平衡。我知道对于中国来讲，维持稳定是至关重要的，但是你要想维持稳定，就需要有一个持续的经济增长，也许不是每年GDP增长10%，但是你应该保持一个持续的经济增长。总之，你要在发展速度和维持稳定之间达到一个非常好的平衡、非常微妙的平衡。

赵：这就是对中国共产党和中国政府的一个考验。中国这几年大家愿意谈的有两件事情：一个是如何在保持持续的发展当中，保证适当的速度；另一个是如何在保证适当速度的同时，还要焕发人们的文化自觉性。就是说经济进步和文化进步应该同步，发展太快容易忽略文化的建设。这是中国人近年来普遍的看法。我曾对中国的一些大学生说："当你们在运动场上进行100米赛跑的时候，会把暂时多余的衣服都脱掉。在跑的时候什么也不想，就是拼命跑。跑完了100米，还得走回来，把你们的衣服再穿上。"学生们听明白了，也就是说文化不能丢。中国的建设是很长久的事业，应该像跑马拉松那样跑下

中国的建设是很长久的事业，应该像跑马拉松那样跑下去，总是用跑100米的速度去跑马拉松是不能长久的。中国要调整到一个合适的速度，以适应长期发展。

去，总是用跑100米的速度去跑马拉松是不能长久的。中国要调整到一个合适的速度，以适应长期发展。

把西藏的真相告诉世界

奈：中国的经济发展过程是相当透明的，但是涉及其他领域时，如涉及西藏和少数民族问题时，就不是这样了。比如说你们在西藏新建了一所学校，这本来是件很好的事情，但是西方媒体并不报道这样的事情，他们会报道说西藏发生了一场骚乱，你们去镇压藏民了。所以西方人很可能会认为，你们的经济发展的确取得了很大的成就，但是中国政府是不是在压迫她的人民呢？中国是不是没有人权啊？西藏人民是不是受到了压迫？在这一方面需要您为我提供一些资源，一些有理有据的证据来帮助我去做这方面的工作，因为我们对西藏的历史知之甚少。但即使通过我们有限的知识，我们也知道西藏真正的历史和西方人想象的有很大的不同。您要给我们提供一些西藏地区真实的状况，以便我们去和西方人解释。否则他们一报道就是西藏的骚乱，或者是乌鲁木齐“7·5”之类的事件。

赵：的确，西方对西藏或新疆问题的理解有很多的偏差，除了西方媒体报道的严重失真外，中国也有责任。中国以往在报道这些问题时有时不及时，透明度也不够。

在我担任中国国务院新闻办公室主任期间，我们做了一件很重要的事，就是在中国中央政府的各部委、省、自治区、直辖市普遍建立了新闻发布制度。如果我们不及时说明真相，人家就只能猜测，人家就只能采访那些对中国不满意的人，甚至给歪曲报道提供了时间。而由此造成的一种印象，由于是先入为主，以后很难纠正。

假如当时西藏的“拉萨事件”发生时有众多外国记者在场，就会使世界更多地了解那里的真相，但遗憾的是，当时外国记者没有机会去那里现场采访。而这次在乌鲁木齐就做了改进，允许外国记者自由采访，因此这次的报道就比上次报道更接近真实。

以西藏为例，德国有一家很著名的杂志《明星周刊》，它刊登了一篇长文章，说西方人对西藏的认识有以下几点：西藏是像香格里拉那样的地方；西藏在 20 世纪 50 年代初被中国军队占领；达赖喇嘛是西藏人民的领袖，是一个宗教家。

说西藏是像香格里拉那样的地方是对的，它确实很美丽。从 800 年前的 13 世纪开始，当时的元朝中央政府就已经把西藏纳入中国版图。而达赖喇嘛也绝不是单纯的宗教领袖，他是一个分裂主义者。他有的演说好像是在讲佛学，有的演说则是攻击我们的西藏政策，他支持“台独”和“疆独”势力，他全部活动的核心问题就是要分裂中国。他想要建立的“大藏区”相当于中国四分之一的领土。

我认为要深入地了解和研究西藏，最好的方法是到那里进行调查研究，和许多人面对面地交谈。

多：刚才您已经解释了中方的观点，我们也有去那里的打算。我也读过德国《明星周刊》的那篇文章，这可能是很长时间以来在西方发表的第一篇揭开达赖神秘面纱的文章。它告诉了很多人西藏的真相，比如说很多人在这之前都认为西藏在中国军队进驻之前是一个乐园，实际上不是这样的。这篇文章的确帮助大家澄清了对西藏的许多不良认识，当然在文章结尾时作者也发表了一些平衡性的意见，一般西方作者都会这样。

但是我在想的是这样一个问题，这个观点也是斯坦福大学的一位教授，一个来自中国台湾的人提出的。他对我评论说，中国在公共关系这方面，如何与达赖相抗衡？他是一个永远满脸堆笑的人，在世界各地游说。在这场公共关系的抗争当中，你很难战胜他，而且他不用去证明什么。就像一个国家的反对党，可以凭空允诺很多，说他可以做这个做那个，可以给选民带来很多好处。但是他没有上台，根本没有机会去证明他的那套方法其实是行不通的。达赖也是这样，他只要空口许诺就行了，不用去证明什么，但是这样反倒能打动他的那些观众。

目前的事实是，达赖在世界上很多国家博得了同情。很多时候达赖的做法就像西班牙斗牛士，他每到一个地方，总挥动一面红色的布，之后牛就冲过来了，去攻击他。就是说达赖每到一个地方活动，中国都要挥舞着剑过来批判他，反击他的挑衅。这样，其他国家就会说：你看，这不是证明了吗？你们一直都不放过他。这样的做法是被动反应式的，就像是两个人的游戏，一个人总是先出招，另一个人总是被动地去应对，就等于中了他的圈套。与其这样，还不如索性你们主动出击，把西藏的历史文化，包括达赖本身的真相主动地告诉世界各地的人民。

还有一点，就是通过对话去打倒他。比如说前面提到所谓“大藏区”的问题。曾经有记者在采访达赖的时候，问到很尖锐的问题：达赖你说要把西藏还给西藏人民，你不是又要搞所谓的“大藏区”吗？“大藏区”很多地方都是中国其他省的领土，你是不是要把那么大一块地方都还给所谓的西藏人民？这是什么含义？这等于对达赖的“大藏区”理论提出了质疑。达赖碰到这个问题之后无言以对，只好顾左右而言他，他无法直接面对这样的问题。所以我觉得除了前面提到的办法外，有时候还可以直接和他对话，把事情放在台面上，这样更能揭露他。

赵：达赖在公共关系上做得“成功”的一个重要原因是得到了某些势力的支持。他到处游说，鼓吹“藏独”是他的公关活动的唯一目的。他的演说的题目往往是“以慈悲为怀”，或者是“什么是幸福”之类。他并没有以政治开头，而是把政治放在了后面。当人们喜欢达赖的时候，就喜欢了他的主张，就中了他的圈套。他的做法是很巧妙的。我特别惊喜的是，你和我在不同的地方，读了《明星周刊》的同一篇文章。

实际上我们在西藏实行的是双语教育，为了保护西藏语言的发展，特别分别建立了藏语学校和汉语学校。而在藏语学校，汉语就是作为第二语言来学习的。但事实上，有些藏族家长并不希望自己的孩子上藏语学校，而是希望孩子上汉语学校，掌握流利的汉语，这样会让他们在西藏之外的交流包括选择工作都更方便。而且，在教学中如果完全用藏语，在讲科学课程的时候是有困难的，中国的学校在 20 世纪 50 年代以前讲数学、物理、化学时往往也要用英语讲授。现在这些科技词汇在汉语中已经健全了。

我们曾在巴黎举办过文化展览，把汉语和藏语两种教科书都展览出来了。法国人说，太好了，这在很多国家做不到，这要多少成本？课本都是两套，老师要两套。所以学习汉语并不能说是同化，藏族家长想让自己的孩子上汉语学校，就像北京、上海和其他一些大城市的学生家长愿意让孩子上英语学校一样。

奈：您刚才讲的西藏的故事，我们能理解，但是你们没有向全世界讲好西藏的故事。应该说我们已经被中国说服了，所以我们在《中国大趋势》这本书里也提到了西藏问题。你们现在面对的是达赖喇嘛，他是你们的对手。多丽丝其实多年前也和达赖本人接触过，看起来他并非是一个不可战胜的巨人，但在公关宣传方面，他做得更聪明一些。实际上中华民族是非常聪明的民族，在西藏问题上拥有比达赖喇嘛更多、更好的故事，怎么反而很多次都让他占了上风？我觉得在这上面还是需要做出更多的努力，不能让他占上风。

赵：我们也应该反省我们的对外表达方面的问题，的确有些地方是可以改进的。关于西藏的故事，其中的大是与大非，我们以为是很清楚的，但是从外人的角度来看，未必清楚，在这一点上我们可能理解得不够。你们二位这次要去西藏，将是一次非常重要的旅行。到那里你们可以直接地、随便地与各种人物交谈，回来后也许还会提出更好的建议。

（节选自赵启正、［美］约翰·奈斯比特、［奥］多丽丝·奈斯比特：《对话：中国模式》，新世界出版社，2010 年 4 月版）

三

超越信仰，和谐对话

——与美国宗教领袖路易·帕罗博士[1]的对话

人类崇高精神中的共同性是普遍存在的

帕罗（以下简称“帕”）：我常说基督教不是宗教，因为宗教是帮人们努力找到上帝，找到终极目的。当我们谈到基督教的时候，实际上是谈基督和世人建立的某种关系，而不是建立某种宗教。

赵启正（以下简称“赵”）：宗教不是上帝设计的，是人们设计的，人们以此来接近他们心中的上帝。

帕：没错。

赵：中国的孔孟之道，也有人称为儒教或孔教，但实际上它是哲理和精神，而不是一种宗教。它和宗教比起来，没有创世学说，没有宗教礼规。虽然有纪念孔夫子的活动，但它不是宗教性质。或者说他的语录

① 路易·帕罗（Luis Palau），1934年生于阿根廷，1961年毕业于摩特诺玛圣经学校，曾获得多所大学神学荣誉博士学位。作为一名著名的基督教福音传道者，他曾到100多个国家演讲，受众达数百万。

也可以和教条相比，其中流传最广的是他关于人们如何相处的哲学。和欧洲的哲学不同，它更倾向入世。欧洲的哲学有大部分是思考事物规律的，而孔夫子更多地思考人群规律。

所以中国的哲学更接近灵魂和精神，更有灵活性，它和欧洲的哲学有互补性。

> **中国的哲学更接近灵魂和精神，更有灵活性，它和欧洲的哲学有互补性。**

帕：我来亚洲之前，也研读了儒教的一些教义，同时也拿它和基督教作比较。正像您刚才提到的，在儒教里没有基督教里的创世说，尤其是儒教的精华涉及人生处事的态度、道德以及怎么样处理人际关系。我想，这是它的精髓所在。

实际上，西方、欧洲在过去这250多年来更重视发展物质文明，而忽视终极追求。那么，耶稣给我们带来的是关于人的终极生活，就是作为物质的人死了之后，人的灵魂和精神仍然存在，这是他给我们带来的关于人的终极目标和教育。

赵：这当然是给活着的人最大的安慰，相信这一点的人对死亡就不那么恐惧了。

帕：同时，人们对人生之短暂的失望也小多了。所以，像圣奥古斯丁[①]、圣保罗和我都在不断地告诉世人：除了现世之外，我们还有一个更终极的世界，而不仅仅是我们活着的这七八十年，我们有一个光辉的未来，我们要为此做好准备。

---

① 圣奥古斯丁（Aurelius Augustinus，354—430），基督教著名神学家，他建立了影响力巨大的“奥古斯丁经典神正论”。

赵：这样也许就乐观一些。

关于精神方面，我只引用中国孟子的话，他说："生亦我所欲也，义亦我所欲也；二者不可得兼，舍生而取义者也。"[①] 舍生取义，有时候表现为爱国主义，有时候表现为为了拯救别人而舍弃自己的生命，这都是符合他的意思的。

奥地利总统托马斯·克莱斯蒂尔不久前去世了。他访问中国时曾跟我讲过一个故事：在奥斯维辛集中营，由于食品不够，德国军官对排成队的难民依次叫号出列，"一、二，一、二，一、二"，凡是"一"站出来，枪毙。有个"一"的人说：我有七个孩子，我希望不被枪毙。一个神父说：我没有孩子，我替您吧。这和孟子的想法是一样的，但神父没有读过《孟子》，可见人类崇高精神中的共同性是普遍存在的。

帕：这个故事很触动我们的心灵，跟《圣经》的故事一样，本来应该我们去死，耶稣却代我们死了，想到这些，我们就不禁要流泪。我们都是来自同一个父母，那就是亚当、夏娃，在我们的基因记忆里，都有共同的东西。《约翰福音》里提到，你应该为他人的生命献出自己的生命，甚至要为你的敌人祈祷，要爱你的敌人。

赵：因此，信仰不同宗教的人，有神论者和无神论者不要相互歧视，要友爱，这样，"地球村"就比较和谐。我们的最终目标是和谐的社会、和谐的地球、和谐的人类。

对话是克服文化障碍最好的方法

帕：在《圣经》的《约翰福音》里，耶稣曾经这样说过：在世上没

---

① 《孟子·告子上》。

有什么比为别人牺牲的爱更伟大。美国参谋长联席会议主席彼得·佩斯在接受总统任命时，在电视上讲了一个小故事。他说，如果不是曾经有一个海军陆战队的队员救了我，我今天就不会站在这里对你们讲话。那是在越战中，当时我是一名上校。我带着二十多个兵，在一个洞里遭到枪击，就在那个时候，一个队员跑到我的前面挡了一枪。其实那颗子弹是向我打过来的，他是为我而死的。虽然彼得·佩斯是一个坚强的军人，但他还是流泪了。同样的，耶稣其实就是代替我们挡了这一枪，为我们受死、受难了。

赵：在中国古代道德传统中，有一个字叫“义”，有“正义”、“道义”等含义，中国人讲求为了正义事业而上刀山下火海，在所不辞。对死的意义，中国人有一种观念：为人民大众而死，其意义很重，比（中国的）泰山还要重，这也是一种永生。说这句话的人，是中国的一位伟人——毛泽东。在中国这段话传播得很广，人人皆知，并被奉为格言。中国人非常尊重为大众而牺牲的人。

帕：我想这是人类真善美中“善”的一面。

赵：我们认为，人要有伦理意识。孟子说过，“老吾老以及人之老，幼吾幼以及人之幼”①。

帕：耶稣也说了一句和您刚才说的一样的话：爱您的邻居像爱您自己一样。在这方面，双方的教育非常一致。

您提到的中国孔子、孟子的伦理道德思想和基督教有很相似的地方。这其中有很多真理，一个原因可能是因为我们万族同源于一。中国

① 《孟子·梁惠王上》。

人的思想更有意义，因为中国已经有超过五千年的文明历史。

赵：我已经发现，我们在很多方面的意见是一致的，但是，也有分歧。如果没有分歧，我们的对话就没有那么重要了，也不精彩了。没有分歧的对话就像一个人和自己的影子对话，会毫无收获，到最后就会疲倦，也不兴奋了。

没有分歧的对话就像一个人和自己的影子对话，会毫无收获，到最后就会疲倦，也不兴奋了。

帕：我也是一样，会失去兴趣。

赵：我们两人是在完全不同的条件下成长起来的，所以，对话就有很多新鲜感，彼此才能有一定的影响。所谓影响，首先是相互理解。对话是克服文化障碍最好的方法。

相信了上帝也需要探寻终极真理

赵：回答绝对真理或终极真理，神学一句话就回答了：真理就是上帝，非常简练。神学的核心就是上帝的存在，神学的基础就是《圣经》。

我想人类未必能找到终极真理，只能不断向着它前进。

可是科学家和神学家对真理也有不同的定义，这确实是一个复杂的问题。即使在无神论者或有神论者当中，许多人对真理的定义也并不相同，就像宗教学家、神学家对宗教的定义也不相同一样。

帕：当然，我们谈到真理的时候，有物理学的真理，也有数学的真理。但是我讲到“真理是上帝”的时候，并不是一下子把所有的真理都取缔了，所有其他的真理并不是没有意义了，相反，我们认识到的终极真理是上帝，使我们对科学的了解更深刻。

简单说来，《圣经》并没有告诉科学家，您相信了上帝这个神就不再需要深入思考。《圣经》告诉科学家相信上帝，相信造物者，大胆进行你对终极真理的探寻。

赵：在我们看来，在数学、物理、化学这些科学之外，某些终极真理的探索是哲学的任务。黑格尔说，哲学是“黄昏到来时才起飞的密涅瓦的猫头鹰”[①]。我的理解是：第一，它是对已经发生的事情，包括宇宙、地球、人类、个人所发生的事情的一种反省，从中提炼出真理来。第二，他说猫头鹰飞高了看得远，并且在黑暗中还能发现问题，哲学家也应有这些本领。我认为，哲学的一个重要方面是反省和提炼过去，希望得到的结论能够指导未来。

20世纪初，有人曾把“Philosophy”翻译成“智学”。意思就是超过已知的具体知识，在知识之上，在思想上，在逻辑上，能够有一个更高的概括。

帕：很有趣味的是，“哲学”的英文拼写本来是希腊文的两个词的组合。前面那部分“philo”，希腊文是“爱”的意思。后面那部分“sophy”，则是“智慧”的意思。所以，“Philosophy”，希腊文本来的意思就是“爱与智慧的组合”。

赵：我理解“爱智慧”包含着爱真理的意思。

帕：对，是寻找真理和享受生命。

赵：真理也是一种美。人们能享受到寻找真理过程中的美和寻找

① 密涅瓦，即希腊罗马神话中的智慧女神雅典娜，栖落在她身边的猫头鹰则是思想和理性的象征。

到真理的美。美有许多种：自然界的美、绘画的美、音乐的美、建筑的美等等。一个懂哲学的人，在哲学思考之后有新收获的时候，他能感受到哲学的美，这是一种很高级的美！比如说，爱因斯坦认为他的质量能量关系公式$E=mc^2$很美，因为它不仅很简单地表达了质量和能量的转换关系，其中还有丰富的哲学意义。

一个懂哲学的人，在哲学思考之后有新收获的时候，他能感受到哲学的美，这是一种很高级的美！

有神和无神的区别不妨碍我们之间的和谐

帕：我的母亲知道许多关于中国的事情，她教导我要爱中国。小的时候我在家里常常为中国祷告。当我们真正看到中国的发展时，我们实在觉得奇妙。作为一个基督徒，我当然希望，如果能够把发展建立在耶稣基督的道理上就更好了。

赵：您爱中国，希望中国发展，希望中国人幸福，让我很感动！中国的发展是中国特色社会主义理论的伟大实践，是建立在本国文化传统之上的，很难想象中国的发展可以建立在外来文化之上。

您认为无神论者也可以成为很好的朋友，我也有同感。昨天我们一起唱《友谊地久天长》的时候，我就有这种感觉。这首歌原是苏格兰的民歌，在中国也很有名。因为美国人拍了一部叫做《魂断蓝桥》的电影，把它作为主题歌，所以传到了中国。

有神和无神的区别不妨碍我们之间的和谐，有神论和无神论共同的目标是促进地球的和谐。彼此的了解、经常的沟通是极为必要的，并且是有效的。我们反对贪婪，反对自私，反对懒惰，我们也反对邪恶和战争。

帕：是的。

赵：在古代，宗教战争屡有发生。不过不是世界上所有的战争都因宗教纷争而起，根本的原因是人的贪心和邪恶，我更希望宗教和教派发挥阻止战争的作用，而不要被战争贩子、军国主义者利用。像希特勒，不但是战争狂人，还是一个极端的反犹主义者，他利用了当时某些宗教的偏见，为其政治野心服务。

帕：您讲的很多地方和我有共通之处，但是我的梦想是：有一天每一个中国人都能在心里通过耶稣在上帝那里找到平安。因为我们每个人都会死亡，而唯有耶稣基督向世上的每一个能够忏悔并相信基督的人完全保证他可以有永恒的生命。耶稣不是要求我们每一个人都必须完美才能得到永生，他赐给我们的是赦免，还有将来的永生。我特别喜爱《圣经》中《约翰福音》那一节：上帝的儿子来这个世界，不是要审判这个世界，而是要让世界得到救赎。

赵：我也有一个梦，我希望全世界的各种宗教信徒和不信教者之间的交流成为现代文化的一个重要实践。中国和美国都是伟大的国家，美国是最大的发达国家，中国是最大的发展中国家，所以，我特别希望美国人民和中国人民的交往，更要高效率、积极地进行。用一句 IT 技术的话，我们之间应该有多个友好的“界面”（interface）。

中美的对话是全面的，不仅是国务院的对话，也包括宗教的对话，以及宗教和非宗教的对话。有人说，智慧越多，烦恼越多（For in much wisdom is much vexation）。其实不一定，我看您非常智慧，但您是个乐观主义者。

帕：我想到如何对待朋友的问题。朋友之间应该以诚相待。但有时，朋友间因为彼此诚实相待，反而可能会伤害到对方，但这对促进朋友的关系是有好处的。我常常想起《圣经》中的所罗门王——世界上最有智慧的人，他曾说过这样一句话：被朋友伤害比被敌人亲吻更珍贵。“伤口”可能很痛，但是过一阵子就会痊愈了，这是一个好思想。

赵：中国也有句人人都知道的格言：良药苦口利于病，忠言逆耳利于行。这句话和您的话很相似。孔夫子说，六十而耳顺。所谓“耳顺”，就是能接受和懂得尖锐的话，这是一种修养，也是一种成熟。

（节选自赵启正、［美］路易·帕罗：《江边对话——一位无神论者和一位基督徒的友好交流》，新世界出版社，2006 年 9 月版）

四

在危机的时候会出现新智慧

——在2009年夏季达沃斯论坛上的对话

主持人（Andrew Steven，CNN主持人兼记者）：非常感谢诸位的光临，我们要讨论的是关于重新设计经济增长模式的问题。赵启正主任在这儿代表的是世界上第二大经济体——中国[①]，作为巨大的出口国，中国也受到全球经济下滑的影响。我想问赵主任的第一个问题是，中国需不需要转变发展模式？如果需要实现模式转变，现在有什么样的想法，有何计划呢？

赵启正（以下简称“赵”）：回答是肯定的，中国一定要转变发展模式。中国打算视这次经济危机所带来的挑战为机遇，进一步深化经济改革，改善我们的经济结构和全社会的福利保障。

最初有人以为中国政府只是简单地以4万亿人民币来刺激市场，其实不是，中国是想借这次经济危机，来进一步改善中国的经济结构，减少对出口的过分依赖，特别是要增加中国居民的消费率。中国居民的消

① 中国成为世界第二大经济体的确切消息来自新华社2011年2月14日的报道，但在2009年夏季达沃斯论坛召开时，有的国外媒体就已经认为中国经济总量超过日本而位居世界第二位。

费率和世界平均值相比，要低 20 个百分点，而中国的投资率和世界的平均值相比，则高出 20 个百分点。当然目前我们没有降低投资率的意思，但是提高消费率是我们很重要的任务，具体做法就是促进就业，改善中国国民的收入，降低某些产品的税率；在鼓励居民消费的时候，增加住房等产品的供应，完善社会保障体系，减少家庭在教育、医疗等方面的支出。

同时我们还会通过这个机会，解决一些行业产能过剩的问题。如粗钢，我们只需 5 亿吨，但我们的生产能力是 6.6 亿吨。以前没有机会来淘汰它，现在既然出口下降了，就利用这个机会来淘汰它。

主持人：我们现在看到有很多刺激经济的计划，其中包括给一些大型基建项目投入巨额资金，但这并不是一个可持续发展的模式。在您看来，中国的增长特别是就业的增长，更多地会来自哪些领域？

赵：4 万亿当中大约只有四分之一投入到重大基础设施建设。高科技领域是一个新的增长领域，如新能源、现代通讯、绿色产业、垃圾和废品处理产业，这些新的技术领域，可以吸纳新的劳动力就业。另外，有大量资金投入到社会保障性住房和农村民生工程的建设，从长远看，这会大大超过对基础设施的投入。还有一些产业，如汽车制造，会有很大的发展余地并可能带动相关服务业，中国的汽车拥有量，每一千人只有 50 辆，而美国每千人是 775 辆，欧洲是 311 辆，中国虽然不能像美国人买那么多汽车，但 50 辆太少了。

主持人：赵先生，中国将成为亚洲内部贸易的一个巨大的消费市场，但是最近的一些数据表明，2007 年美国消费市场规模达到 10 万亿美元，而同年中国只有 1 万亿美元，中国需要多长时间才能使国内的消费市场足够大，不但能够支持自己的发展，还能同时支持亚洲其他地区的发展？是不是需要一代人20年的时间？

赵：这不是一个单纯的经济问题，还包括文化传统中消费观能不能较快改变之类的问题。中国人即使有了钱，也决不会像美国人那样一人一年买20件T恤，可能只买两件T恤就够了。

和亚洲其他国家相比，中国有自己的困难，就是面积大、人口多、区域差异大，城市和农村、东部和西部、南部和北部都不平衡，平均教育程度也不够高。所以，我们要虚心地向世界各国包括亚洲其他国家和地区借鉴，凡是我们可以参考的，我们都拿来学习，“黑猫白猫，只要抓住老鼠就是好猫”。要用多少时间，中国才能有足够大的国内市场？我看不用20年，但恐怕至少需要10年吧。

主持人：中国采取了什么样的政策？比如在发展服务业方面，中国是怎么做的？因为这对任何经济体来说都非常重要。

赵：中国经济一般是从两方面推动：由上而下和由下而上。就服务业而言，前者是指从政策层面进行扶持，比如给予融资或较宽松的税收政策；后者是指来自民意的诉求，比如从前中国人一个星期只休息一天，后来增加到两天。休息两天以后，中国的旅游业突然就有了很大的发展。由上而下和由下而上这两者之间要有一个配合的机制，如人民代表大会制度。

主持人：接下来，我想问一个有关“绿色技术”的问题。绿色技术仅仅是“空中楼阁”，还是我们已经拥有了可以投入应用的技术水平？在中国目前优先发展的领域当中，绿色技术处在什么位置？

赵：绿色技术在中国处在非常重要的位置。就能源领域来说，近年来，中国的核电、风电、太阳能发电发展较快。今后几年内，我们平均每年还要完成 1 000 兆瓦到 2 000 兆瓦的核电站建设；中国风电在世界上使用比例比较高，技术也在不断进步。在汽车制造领域，虽然我们的技术水平整体上还处于起步阶段，但我们在电动汽车、混合型汽车方面还是有了较快发展。我们从国外进口技术，也希望得到各发达国家的帮助，使我们的减排任务得以完成。

主持人：我还想问一下赵先生，你们如何促进中小企业的发展？

赵：中小型企业最大的困难是资金匮乏。中国的银行以往不太愿意给它们贷款，主要是觉得不能如期还贷的风险较大。现在中国正在制定一些政策，比如说政府为它们提供担保，另外也有可能成立专门的投资银行为他们提供贷款服务，这些都在计划当中，并预期可以实现。

主持人：下面，我们请台下的来宾提些问题。

提问：我们看到，过去美国消费者花了太多钱，欠了太多债，而亚洲的消费者花钱不够，储蓄太多。现在我们鼓励亚洲的消费者花更多钱，少存点钱，而美国的消费者要做的事情正好相反。我想问的是，是不是有朝一日，我们亚洲的消费者也会负债太高，从而带来下一场危机。大家有没有这个担心？

赵：目前的问题是亚洲多数国家消费太少，过度的消费不知道哪天能够在亚洲出现。我们觉得亚洲和欧洲、美国相比，差距还是在经济结构上，当然日本的情形除外。我们亚洲国家的高科技产业几乎都在大量购买西方的专利，而他们的专利又很贵；我们购买之后又往往不能很好地消化和发展，过几年又得买新的专利，其中有知识产权限制的问题，也有本地科技人员的水平问题。因此，中国提出来要鼓励自主创新，根据自身需要，制定科学和技术发展规划，同时对相关项目给予投资。当然，中国不会排斥和其他国家的合作。首先是改善经济结构，而不是单纯地刺激消费，才能有利于中国的长远发展。

提问：亚洲公司在美国、欧洲都创造了很多就业机会，既提升了这些国家和地区的经济活力，产生了税收，也使这些地方的消费者从中获利。您认为中国的哪些绿色技术公司，能够在未来把它们的产业模式，还有服务模式带到世界其他地方？有没有这样的可能？

赵：目前中国的绿色产业立即到外国去发展可能有一定的困难。第一，我们掌握的绿色产业的核心技术较少。第二，不是世界各国都欢迎中国的资本。比如说美国对中国的资本进入就很有警惕性，导致中国在美并购一些企业时曾严重受阻，而相比较而言，非洲的国家就比较欢迎中国的投资。明确地说，中国有这样的愿望：既接受外国的投资又到外国去投资。

提问：我是大连广播电台记者。我们知道亚洲国家都是出口驱动型的，现在我们希望转向消费驱动的模式。我有一个奶奶，80 岁了，有很多存款，但是劝她花钱非常困难。我该如何劝说那些老人，比如我的老奶奶，把她口袋里的钱拿出来进行消费。

赵：中国的奶奶最爱孙子，愿意为孙子花钱，让他上好学校，给他牛奶喝。中国老人也希望长寿，你告诉她老人家，吃一点人参之类的东西可以长寿，她就舍得花钱了。

无论出现多么危险的新的状况，人都得活下去，人们在危机的时候会出现新智慧，我想我们应该有这样的信心。

主持人：对话结束之前，我还有最后一个问题。如果这次经济复苏是一个“双底”——还要再次探底，您会担心吗？

赵：无论出现多么危险的新的状况，人都得活下去，人们在危机的时候会出现新智慧，我想我们应该有这样的信心。

主持人：说得好！就用这句话结束今天的对话——在危机的时候，一定会出现新的智慧！

（选自笔者在2009年9月夏季达沃斯论坛“重新设计亚洲的增长模式”分论坛上的对话记录）

五

负责任的利益攸关者

——对佐利克[①]演讲的评论

2007年3月21日，时任高盛集团副董事长的佐利克先生应邀在由上海市美国学会、美中关系全国委员会主办的“鲍大可[②]—奥克森伯格[③]中美关系讲座”上发表演讲，笔者对佐利克的演讲做了即席评论。

谢谢佐利克先生刚才精彩的演说。演说的内容很丰富，除了在会上讨论之外，在会后，特别是中方，还会进行深入的研究。

我们此刻所在的地方恰好就是35年前签订中美公报的地方，不过，当年的那个锦江小礼堂已经被拆除了，这是在原地重建的，样子和原来差不多，但是它更坚固了，有很牢靠的地基，有很好的柱子，也许可以说，我们中美关系当年就像那个旧的礼堂，今天就像这个新的礼堂。（热烈掌声）礼堂拆除之前，1997年，我请基辛格博士夫妇

① 佐利克，世界银行第十一任行长，时任高盛集团主管国际事务的副董事长、常务董事和高盛集团国际顾问委员会主席，他曾于2005年1月至2006年6月任美国副国务卿。

② 鲍大可（A. Doak Barnett，1921—1999），美国杰出的中国问题专家，美国当代中国学的开创者和奠基人。

③ 奥克森伯格（Michel C. Oksenberg），美国著名中国问题专家。

到这里来。我向基辛格夫人说明了基辛格当年的贡献，基辛格博士很高兴，他说多年来，她不一定瞧得起我，从今天起，她会尊重我。(掌声、笑声)

刚才佐利克先生的演说涉及四个问题（朝鲜半岛、伊朗、苏丹和能源），还有几点结论，我这里只有15分钟的评论时间，就不能对这四个问题一一回应了。“负责任的利益攸关者”和“全球利益攸关者”是佐利克先生演讲的关键词，那么中国应该负什么责任呢，我想表达我的意见。

中国是一个最大的发展中国家，人口占世界21%，但她在世界GDP的总量中却仅占到5%。从这点看，中国还是一个经济不够发达的国家。中国首要的任务是把中国建设好，让中国人过上更幸福的日子。因为的确像佐利克先生所说，中国面临着内部的挑战，这包括贫富不均的问题，东西部地区发展不平衡的问题，产业结构不合理的问题，所以胡锦涛总书记提出中国要建设和谐的社会，这一理念很快就成为中国人的共识。中国的第二个责任是在联合国的责任，应该履行好联合国常任理事国应尽的责任和义务。1993年，前联合国秘书长加利先生访问这座城市，他对我说，上海少建一所小楼，就可以派几个营的维和部队。那时候我们基本上没有派出过维和部队，因为我们的确没有那样的力量。但是今天，我们派出了许多维和部队，有人说我们派出的维和部队的人员总数已经是第一名或第二名了。中国的国际责任还包括要共同应对人类面临的挑战，如环境保护问题、恐怖主义问题、毒品泛滥问题，以及恶性传染病问题，像禽流感等等。

佐利克先生说中国人对美国还存有戒心，我不想否定，我承认这一点。只有直率地交换彼此的看法，我们才能合作得更好。为什么我们对美国有戒心呢？这跟美国对中国态度的多面性和波动性有关。兰德公司在20世纪90年代末说美国对中国的政策应当是“遏制”加“接触”。美国的报纸创造了一个新名词，就是“containment”和“engagement”合成“congagement”，任何一本英汉字典都查不到“congagement”。（笑声）我们觉得它就像自动汽车的闸，它和离合器是一体的。当驾驶者踩下去的时候就“遏制”了，抬起来就“接触”了，这只是一个比喻。中美关系如果是一辆汽车的话，它应该有两套驾驶系统，要两个驾驶员，一个是美国人，一个是中国人，那么他们俩之间怎么处理好呢？就要按照佐利克先生所说的，应当是两个“stakeholder”之间的关系，他们俩必须商量着做才能把车开好，因为一个人只能管一个轮子，只有他们两人互相沟通，这辆车才能向前进。所以比起其他的描述来，我们更喜欢佐利克先生的“stakeholder”，我们觉得这是很现实的。

> **中美关系如果是一辆汽车的话，它应该有两套驾驶系统，要两个驾驶员，一个是美国人，一个是中国人，他们俩必须商量着做才能把车开好。**

中美之间要增加相互的信任才能减少彼此的戒心，因为不仅中国人对美国有戒心，美国人对中国也是有戒心的，中国人也希望美国人是“负责任的利益攸关者”。要减少猜疑，增加信任；减少摩擦，增加合作，就要更多地接触，更多地沟通。在合作方面，有很多题目可做。比如说能源的合作，这包括对于资源的开采，也包括对新技术的研究。我曾经在上海接待过鲍大可先生，好像奥克森伯格先生是和他一起来的，他们对中国的见解，对于我们合作前景的展望给了我们很多启示。佐利克先生对中国的研究也令我钦佩。他刚才说了朝鲜半岛一百年以来在东亚地缘政治中的作用，还说了上海本地的历史。假如美国有更多的鲍大可、奥克森伯格、佐利克，还有何立强[①]、白丽娟[②]，那么美国对中国的了解就更多了。（笑声、掌声）当然中国也有很多知美派——了解美国的人，他们当中的一些人就是今天会议的组织者或参加者。在刚刚闭幕的中国政治协商会议上，我做了一个简单的发言，强调在中国要提倡“公共外交”，要让学校、研究所、基金会、媒体、非政府组织都参加中国和外国的交流，在这样的交流中，双方容易更直率地表达观点，避免外交辞令。中国人和美国人都是讲究效率的，今天的会议就是公共外交的一个范例。（掌声）谢谢！

---

① 何立强（John Holden），前美中关系全国委员会会长，他参加了这次活动。

② 白丽娟（Jan Berris），美中关系全国委员会副会长，她参加了这次活动。

六

珍视历史，面对现实

——在福克斯[①]铜像揭幕仪式和“中美非官方高层对话”上的演讲

在福克斯铜像揭幕仪式上的演讲

2002年10月22日，福克斯铜像揭幕仪式在美国得克萨斯州科利奇站的乔治·布什总统图书馆举行，笔者做了演讲。

尊敬的福克斯家乡的亲友，
尊敬的反法西斯老战士们，
女士们、先生们：

再过几分钟，我们就要揭开这面紫红色的绒布，绒布下面是一位为中国的反法西斯事业英勇牺牲的得克萨斯州的儿子——吉米·福克斯先生——的铜像。

① 福克斯，即吉米·福克斯（James R. Fox，Jr.），1919年生于美国得克萨斯州达尔哈特镇。为支援中国的抗日战争，他于1942年11月志愿报名加入与中国航空公司合作的泛美航空公司。1943年3月，24岁的吉米·福克斯在飞越喜马拉雅山脉的“驼峰航线”上执行任务时因飞机坠毁而牺牲。

吉米·福克斯1942年自愿来到中国，1943年3月11日为实施“驼峰”计划而牺牲在中国的高山中，与他一起牺牲的还有两名中国战友。1996年我们在中缅边境的高黎贡地区发现了福克斯当年驾驶的飞机残骸，但没有发现他们的遗骸和遗物。

这尊铜像是在中国制造的，是由中国的艺术家精心设计的，因为他是为中国人民反法西斯战争牺牲的，当然应由中国人奉献这尊铜像。江泽民主席知道了他的故事，他的题词也刻在上面——这是一位在中国抗日战场英勇献身的美国飞行员，中国人民将永远记住他的名字：吉米·福克斯。

因为他是为中国人民反法西斯战争牺牲的，当然应由中国人奉献这尊铜像。中国人民将永远记住他的名字：吉米·福克斯。

福克斯先生生前有一位美丽的女友，本来他可以成为一个好丈夫、好父亲，如果他没有牺牲还健在的话，今年应当是83岁，与我父亲是同龄人。我们今天聚集在这里，不仅是为了纪念他，也是为了纪念在第二次世界大战中，在中国牺牲了生命的4 000多名中美飞行员。

让历史的记忆深植于我们的心中，让美好的愿望祈祝未来。

愿他在天之灵安息。

谢谢！

在欢迎午宴上的答词

2006年6月15日，第二届“中美非官方高层对话”于美国旧金山斯坦福大学胡佛研究所举行，笔者在欢迎午宴上致答词。

尊敬的李国宝[①]先生，

尊敬的舒尔茨教授，

尊敬的基辛格博士，

女士们、先生们：

谢谢李国宝先生刚才热情洋溢的欢迎辞。在李先生的大力支持下，第二届“中美非官方高层对话”今天下午就要开始了。

刚才舒尔茨教授介绍了我们现在所在的这个大厅的历史，使我们一时回到了凝重的历史氛围中。

今天参加我们午宴的有中国人、美国人，还有俄国人——不过他们在墙上，不肯下来[②]。（哄堂大笑，有人鼓掌）

说起近代史来，俄国和美国都和中国大有关系。大家都知道，上世纪初俄国革命对中国的历史进程产生了重大影响；到上世纪50年代末，感谢赫鲁晓夫“教育”了中国人，毛泽东主席领导中国人民彻底走上了独立自主、自力更生的道路。此后中国和美国之间的故事，在座的基辛格博士是参与其中的。如今中美、中俄关系和俄美关系，无疑都是世界和谐的重要因素。（掌声）

我们参与这次高层对话的态度将是坦诚的，对话的内容将是重要的。我们期待对话的成功！（掌声）

谢谢！

---

① 李国宝先生是香港东亚银行董事长，“中美非官方高层对话”的赞助者。

② 舒尔茨教授是美国前国务卿。他在欢迎辞中介绍了大厅墙上的十余幅肖像油画，这些油画是一位俄国贵族于20世纪初赠送的，画中人物都是俄国贵族。

七

公共外交助推中日关系

——在“北京—东京论坛”上的发言

开展公共外交，打通历史认识之“墙”

首先，祝贺本次论坛在日本东京召开，我认为论坛的举行，对中日两国人民所期盼的良好、稳定的国家关系，对两个民族的利益和福祉，对于改善目前的外交现状，都是十分有益的。在中日关系发生问题的今天，我们在此认真讨论中日关系，目的就是想寻求解决的办法，一步步地推动中日关系沿着友好的方向前进！

我想从三个方面谈谈自己的想法，与各位交流。

第一，关于中日关系的基本原则。

中日两国间三个政治文件[①]中规定的中日关系的基本原则不是哪一方从自己的角度单独提出来的。实际上体现为双方领导人对各自民族和双方共同利益的维护。

---

① 即1972年9月29日发表的《中日联合声明》、1978年8月12日签署的《中日和平友好条约》及1998年11月26日发表的《中日联合宣言》。

我们大家，特别是邓小平先生曾对21世纪中日关系的发展有着特别的期待。[①] 十分不幸的是，进入21世纪以来，由于众所周知的原因，在政治和民意层面，中日关系进入了邦交正常化30年来前所未有的低谷。自2002年开始，日本经济呈现复苏迹象，许多人评价，日本经济即将走出“失去的10年”[②]。相形之下，中日关系是否能够走出“倒退的5年”呢？我们不能静观，因为我们不是局外人；我们也不能束手无策，因为我们相信事在人为。

对中日关系我们不能静观，因为我们不是局外人；我们也不能束手无策，因为我们相信事在人为。

中国政府一直致力于改善中日关系，即使在困难时期也没有放弃，例如，在2005年4月中国部分城市发生涉日游行期间，中国政府积极鼓励中国各媒体正确引导舆论，甚至以李肇星外长为首的多名对中日关系有影响的人士也到中国的一些重要城市去演讲。这些演讲人始终强调，中日关系事关两国共同利益和亚洲和谐，并要大家全面了解中日间的历史和日本人民的对华态度。可惜，对于中国政府的诚意和努力，小泉政府并没有给予回应。

今年论坛的主题是“面向亚洲未来——建立新型的日中关系”。的确，中日两国是永远的邻居，处理好与邻居的关系是双方不能回避的必然国策。作为世界上最大的发展中国家的中国和作为世界第三经济强国

① 1984年3月25日，邓小平在会见日本首相中曾根康弘时指出：“把中日关系放在长远的角度来考虑，来发展。第一步放到二十一世纪，还要发展到二十二世纪、二十三世纪，要永远友好下去。这件事超过了我们之间一切问题的重要性”。（《邓小平文选》，1版，第3卷，53页，北京，人民出版社，1993）

② 指日本从20世纪90年代初开始的持续10余年的经济衰退和萧条。

的日本，中日关系不仅对于两国的眼前利益和长远利益极为重要，而且对于整个亚洲的未来也极为重要。毫无疑问，这也是双方的共识。

第二，关于两国间的政治与经济的关系。

有人形容，“政冷经热”是中日关系这几年的特点，两国的很多官员、学者和与两国经贸有关系的人似乎都在这样一个前提下讨论问题。有人认为，“政冷”会严重影响“经热”，也有人认为政治和经济可以分开。我一直认为“政冷”至少会使中日之间的经济往来不能达到应该有的高度，如果不存在“政冷”，今天的中日经济的发展以及对亚洲经济的整体贡献可能会令世人惊讶。

第三，开展公共外交，不懈地推动中日间关系。

一千多年前，开创日本律宗的中国唐朝鉴真和尚在回答日本学僧恳请其东渡传法时说，“日本是有缘之国”。“有缘”两个字寓意非常，它既指日本与佛法方面的缘分，也指中日之间在地理、历史、文化和宗教上的缘分。

这种缘分，使得中日间交往有了一种文化血脉关系。在中日邦交正常化之前，两国民间有识之士进行了锲而不舍的努力，终于水到渠成，迎来了中日关系的新纪元。但鉴于30多年来中日关系的内外环境已发生深刻变化，有必要将原来主要局限于两国民间友好团体之间的民间外交提升到内涵更丰富、范围更宽广的“公共外交”——既包括民间对民间的层面，也包括政府对民间、民间对政府的层面。

今年3月，以日本前首相桥本龙太郎先生为首的日中友好七团体负责人联袂访华，全球关注，被媒体称为“今后中日关系发展的风向标”。访问期间，七团体负责人受到中国国家主席胡锦涛的亲切接见，并与中方民间友好团体的负责人座谈，就加强民间交流、改善中日关系交换了意见。这无疑是十分成功的公共外交的典范。

此外，我们还要注意发挥媒体在公共外交中的作用。本次论坛媒体分会的一个主题是讨论媒体在中日关系中的作用。中日两国媒体在报道的角度、方式等方面存有差异，这是容易理解的；但一定要避免因为新闻观的差异和不负责任的报道最终加深两国间的误解乃至使问题严重化。两国媒体以史为鉴，心态平和，客观友善，大胆地进行政治、经济、社会和文化信息的沟通，至关重要。

目前中日之间也许是有一道“墙”——历史认识之墙，这道无形的墙藏于人们的内心。不过对于人类文明进程来说，真正可虑的恰恰是人们心中的“墙”，因为它是问题产生的根源所在。今天我们坐在一起，就是希望能够寻求打通中日民众心底的那道并非太厚、也并非太高的“墙”的方法，这将是两国关系携手走向未来的基础。回望两国千年的友好历史，面对未来的共同课题，也为了子孙的福祉，我们责无旁贷。

（节选自2006年8月笔者在第二届“北京—东京论坛”（东京）上的主题发言）

不积跬步，无以至千里

不久前，我访问了澳大利亚和新西兰，在讨论会上他们一再说，希望中日关系好起来，不要让他们面临两难境地。我回应说，目前中日关系像是汽车开始了爬坡，而不是仍在下坡。我们会谨慎驾驶：不放松油门，也不急于换挡；保持车子不会灭火，也不会滑坡。这两国的朋友都热烈鼓掌表达了对我的观点的支持。

> **目前中日关系像是汽车开始了爬坡，而不是仍在下坡。我们会谨慎驾驶：不放松油门，也不急于换挡；保持车子不会灭火，也不会滑坡。**

话虽如此，但中日关系未来的发展绝不是可以高枕无忧了！中日关系在进入新世纪后出现了倒退的局面，其直接导火线是日本的前首相执意参拜供奉着甲级战犯的靖国神社。但是从深层次来看，这是冷战结束后中日两国重新给对方定位和调整彼此关系过程中出现的问题，也必然与日本政治生态变化有所联系。这些深层次问题的解决尚需时日。眼下，还存在着一些影响中日关系改善的因素。主要是：

第一，中日两国一致同意构筑基于共同战略利益的互惠关系，但彼此对对方的战略意图仍存在着种种疑虑。日本一些媒体，还有些政要和政府出版物（如《防卫白皮书》）都在不断渲染“中国威胁论”。前不久安倍首相在印度国会，以加强日美澳印四国合作为主题发表演讲，强调日印携手建设“大亚洲”，只字不提中国。有国际媒体评论说，热衷拼凑日美澳印四国的所谓“价值观同盟”，明显透露了欲建立“对华包围网”以抗衡中国的意图。如此，不能不让中国感到警惕。

第二，中日间的一些悬案至今还未找到彼此都能接受的解决方案，这在一定程度上影响了两国关系改善的进程。如东海油气资源开发，既涉及钓鱼岛主权归属问题，又与两国都面临的能源短缺问题息息相关。在此背景下，过去不尖锐的事突然尖锐了，曾有过的默契也突然被打破，由此很可能会引起两国国民感情的对立。

第三，两国有识之士虽普遍意识到增强国民间相互理解的必要性，但国民间感情的改善却需要花费较长的时间。日本内阁府每年都要举行有关外交的民意调查。2006年10月的调查表明，在日本国民中，对中国怀有亲近感的比例虽然比2005年上升两个百分点，达到34.4%，但与1980年的78.6%相比，却下降了一半还要多。所以说，破“冰”不易，要彻底融化国民心中的“冰”更需时日。

如何让政治、经济两个轮子高速运转，把双边关系推向更高的阶段呢？针对两国国民对对方的认知程度还都比较低的现实，我想强调，当务之急是要长期坚持推动“公共外交”，促使相互间的理解和友谊。

中国希望日本民众能够了解和认识一个真实的中国：一个正在致力于摆脱相对落后的发展中的国家，一个愿意为维护地区和世界的和平与稳定做出贡献的国家。中国政府坚定地认为建设和谐的中日关系有利于中国的发展，也有利于亚洲与世界的和平与发展。冷战虽然过去许多年了，但是在西方，冷战思维仍旧存在。冷战思维维持了一种陈旧的意识形态鸿沟，主要表现为一些国家的政要对中国和中国的事情总持有反对倾向。不言而喻，由这种偏执所导致的遏制中国的政策和言行，不仅不利于中国，也不利于自身和世界。

今年我们双方关于中日关系的民意调查，已给出了正向的积极信号。中国有句古话——“不积跬步，无以至千里”，意即，坚持一小步、一小步地向前走，只要方向正确，终会到达目标。我相信，中日关系一定会重返健康有序的良性发展轨道。

（节选自2007年8月笔者在第三届“北京—东京论坛”（北京）上的主题发言）

希望中日关系能变“盆栽”为“庭栽”

中日关系受日本领导人更迭的影响十分明显。在中国，有两个国家的领导人更迭最受关注，一是美国大选，二是日本大选。中国人关注美国选举多少带有戏剧性兴趣，一些竞选花絮常常会成为人们茶余饭后的谈资；而关注日本大选则跟日本领导人对华政策往往具有不同的个人色彩有关。日本的对华政策多变，有一个重要原因，即两国国民关系基础薄弱，彼此的了解肤浅且误解较多。

前不久我在日本驻华大使馆与宫本雄二大使会面时，看到庭院中的花草树木生机盎然。我有感而发地说，眼前的中日关系虽然有明显的向前发展之势，但比起庭院中的花木来说，还只是“盆栽”，双方用心呵护它，则必有成长，但稍有疏忽即易受伤。希望经过长期努力之后，双方能够把中日关系之“花木”移植到庭院中，成为“庭栽”。那时，即使稍有点风雨也不至于让人太担心了。

（节选自2008年9月笔者在第四届“北京—东京论坛”（东京）上的主题发言）

八

历史的时针不要倒退[①]

——读若宫启文[②]的《和解与民族主义》

中日关系在经历了将近六年的“寒冬”之后，从 2006 年秋季起逐步开始了“回暖”的过程。主要表现是：中止了数年之久的首脑互访重新启动；经贸往来和文化、体育交流出现新的高潮；中日双方确认了“战略互惠关系”。最新的调查表明，两国国民对对方国家的亲近感也有所上升。我认为，在可以预见的未来，除非出现特别意外的事件，中日关系改善的进程不会出现大的逆转。

日本各界人士究竟怎样思考世界，思考亚洲，究竟打算对亚洲近邻推行一条什么样的路线，中国人自然是特别关注的。我觉得，由日本著名政论家、《朝日新闻》社论主任若宫启文先生撰写的《和解与民族主义》这本书，通过介绍战后日本主流政治家对亚洲的思维，可以回答中

① 此文是笔者为《和解与民族主义》一书所写的评论，原文刊登于 2008 年 2 月 23 日《文汇报》，收录本书时，标题做了修改。《和解与民族主义》汉译本由上海译文出版社于 2007 年 12 月出版。

② 若宫启文，《朝日新闻》专栏作家，1970 年毕业于东京大学法学部，历任《朝日新闻》记者、政治部长、社论主任。

国读者的这种关注。

若宫启文先生在1995年曾出版专著《战后保守势力的亚洲观》，引起日本国内外的广泛反响。作者在此基础上充实了近十多年来的最新资料、新观点、新思想后，以《和解与民族主义》的书名重新推出。书中涉及的政治家从奠定了战后日本保守政治基础的吉田茂开始，一直到前不久还在日本政治舞台上纵横捭阖的小泉纯一郎，以及上任不久的安倍晋三。若宫启文先生从政治思潮变迁、政治力量对比的角度对日本政坛主流派的亚洲政策做了新的诠释。

1995年8月，时任首相的村山富市发表谈话，对日本以往从事侵略战争和殖民统治的所作所为表示深刻反省，表明日本在与亚洲邻国和解的道路上迈出了一大步。但是，由于小泉纯一郎在其首相任内执意参拜靖国神社，使历史的时针在进入新世纪后不仅没有往前走，反而倒退了一大截。在此期间，日本的狭隘民族主义明显抬头，导致了与亚洲邻国的激烈冲撞与持续矛盾。

第二次世界大战过去了60多年，日本当权者还是不能准确地给自己的亚洲政策定位，清晰地展现自己应有的形象。作者分析其深层原因就在于战后日本政治始终在“和解”与“民族主义”间摇摆不定。

第二次世界大战过去了60多年，日本当权者还是不能准确地给自己的亚洲政策定位，清晰地展现自己应有的形象。作者分析其深层原因就在于战后日本政治始终在“和解”与“民族主义”间摇摆不定。

正如若宫启文先生在本书所概括的，日本政治中存在着可以称之为

“翌年法则”的规律。头一年日本可能在战争问题上作一些反省，与包括中国在内的亚洲国家的关系会有些进展，而第二年往往就会做出让中国等亚洲近邻非常反感的事情。“翌年法则”反映了日本总是在自傲与自耻之间来回游移的一种心态。若宫启文先生由细致的观察提出这条法则是很有见地的。

我早就知道若宫启文先生是日本著名的政论家，仰慕甚久。但是，与他第一次晤面还是在 2004 年 12 月，我作为国务院新闻办公室主任率团拜访《朝日新闻》社的时候。那天，若宫启文先生作为《朝日新闻》社论主任和《朝日新闻》社长箱岛信一一起接待了我们。若宫启文先生向我们介绍了《朝日新闻》一贯的编辑方针，就是要坚持战后的和平宪法与和平发展道路，反对修改宪法，也反对首相参拜靖国神社。若宫启文先生坦率地提出，《朝日新闻》有时也会在社论中对中国提出一些疑问和批评，不过，是为了中日两国间能确立真正的友好关系。我回答说，能够理解《朝日新闻》的立场；其实中日两国间有很多共同的利益，多有相互交流，就多有相互的启发，就像我们俩的名字中都有的“启”一样。仅一衣带水之遥的中日人民，本来应该是兄弟嘛。宾主们顿时开怀大笑起来。

我与若宫启文先生再一次晤面是在 2006 年 8 月，东京举行第二届“北京—东京论坛”之际。在头一天的晚餐会上，自民党前干事长加藤纮一先生郑重其事地把若宫启文先生领到我面前，介绍说：“这位可是左右日本舆论导向的人啊!”他不知道我们早就认识了。我们的谈话很快就直奔主题。若宫启文先生向我详细介绍了他与《读卖新闻》社长渡边恒雄在《论座》月刊第二期上，就反对首相参拜靖国神社所撰写的一篇著名长篇对话，这一对话被认为是日本舆论界两巨头结成了反对首相参拜靖国神社的“统一战线”，引起巨大反响。在外交官时代研习过中文的加藤纮一先生担任我们两人间的翻译，他恐怕是迄今为止中日间所有对话与交流中级别最高的一位翻译吧。

我相信所有关心战后日本政治走向和中日关系的中国读者会由此书受益良多。2007 年 8 月底，若宫启文先生在第三届“北京—东京论坛”上担任“亚洲的安全保障与中日的作用”这一分会讨论的主持人，其主持风格洋溢着他的一贯的大记者的敏锐和政论家的深刻。我诚挚地希望若宫启文先生能有更多的新著被译成中文。

九

回头的马是聪明马

——在全国政协新闻发布会上答中外记者问

法国人的价值观是由全体法国人承载的

中央电视台记者：我们最近非常关注法国拍卖中国兔首鼠首一事，您觉得针对此事，政协应该发出怎样的声音？

赵启正（以下简称“赵”）：法国法院驳回了禁止拍卖圆明园流失文物鼠首和兔首铜像的请求，这件事情反响很大，委员们也很关心。

有的中国网友在网上问：“我们一向很崇敬法国文化，这次怎么了？法国文化生病了？这是什么样的价值观？”我们知道，法国是一个文化悠久的国家，文化中最核心的要素就是价值观是怎样的，法国的价值观并不是由少数法国人而是由全体法国人来承载的，我想我们应该这样看问题。

大作家雨果这样写过，有两个强盗走进了圆明园，一个叫英吉利，一个叫法兰西。我希望有一天法国解放并涤清了自己，把这抢来的东西送还给中国。有一位还健在的法国作家贝尔纳·布里泽，他写了一本书叫《第二次鸦片战争：洗劫圆明园》，他说，圆明园的洗劫给中国人造成的心灵创伤，就像1871年普法战争时，如果普鲁士士兵把罗浮宫、凡尔赛宫，加上国家图书馆一起摧毁，给法国人造成的心灵创伤是一样的。希拉克读了这本书，他说："感谢这位作家，我欣慰地看到，是由法国作家写清楚了这段历史。"还有一位法国人，叫波曼德·高美斯，他是欧洲保护中华艺术协会主席，也提出来制止佳士得的拍卖。所以政协委员们跟我说，佳士得强行拍卖圆明园兽首这件事教育了世人，包括法国人自己。

圆明园的洗劫给中国人造成的心灵创伤，就像1871年普法战争时，如果普鲁士士兵把罗浮宫、凡尔赛宫，加上国家图书馆一起摧毁，给法国人造成的心灵创伤是一样的。

互联网的发展促进社会进步

日本亚洲通讯社记者：今天有一道很大的亮点就是赵主任面前放着的这台红色电脑，我采访"两会"好多次，第一次看到记者招待会上有这样一台电脑，这是否说明中国政府正在极力推进网络的社会化？同时您是否认为中国社会的网络化有助于政治的民主化和对官员的监督？

赵：看来您是一位网络爱好者，所以对网络很敏感。但是，这不是我第一次在新闻发布会上使用电脑。十年前，我在驳斥美国议员考克斯诬陷中国盗窃核心机密的发布会上也用了电脑，那是日本日立的。事后一位日本记者朋友打电话告诉我："很好，你没有用美国电脑，用我们日本电脑去说美国的问题很合适。"

你说得很对，中国政府非常鼓励网络和IT技术的发展，因此我们专门成立了信息产业部，现在和工业管理部门合起来了，成为工业和信息化部。中国的网民在八年间扩大了30倍，现在超过3亿了[①]，这在世界上看，也是一个很大的数量，说明中国人很喜欢网络。互联网的发展当然可以促进社会进步，可以帮助政府信息的公开，也可以使我们更加了解网民的想法，所以今后还会继续发展下去。

（以上节选自发布会文字实录。2009年3月2日，全国政协十一届二次会议新闻发布会在人民大会堂举行。本书作者担任新闻发言人）

政协最大的权力是话语权

美国之音记者：发言人您最近表示，政协最大的权力是话语权，我想知道，在政协的会议上有没有讨论禁区？是否实行温家宝总理最近强调的“知无不言，言无不尽，言者无罪，闻者足戒”的原则？再有，政协在社会上和在国外，往往被称为“清谈馆”，在此向您请教，您所说的话语权跟“清谈馆”有什么区别？

赵：我的确说过，政协最大的权力是话语权。话语权的定义，不只是发言权，而是他的发言能够有权威性，能够有效果。否则不能说是有强大的话语权。

随便聊天不是话语权，那是聊天权。政协委员在会上发言都是经过

① 根据中国互联网络信息中心（CNNIC）发布的《第27次中国互联网络发展状况统计报告》，截至2010年12月底，中国网民总数达到4.57亿人，互联网普及率达34.3%，超过30%的世界平均普及率。

了一年或者几个月或者几个星期的调查研究，经过深刻思考后才提出的，并且他在了解情况的过程中，是得到支持和保护的。

比如说，我们对粮食生产关心，我们就可以去视察；对边境贸易中存在的某些可能会引起一些混乱的现象，我们也可以去调查，并且我们调查的结果可以以书面的形式向执政党也就是中国共产党中央和国务院正式提出意见或建议，并可以保证得到一个严肃的回答。

如果单用“发言自由”来描述政协委员的活动就太弱了，他们视察自由，监督有关的公务人员也自由，所以说政协的会议不仅形式上生动活泼，内容也是十分深刻的，并且结果是有效的。

中国的政治协商会议是中国政治生活的一个重要组成部分，它体现了中国民主的一种特色，从界别上看，它是横向广泛的，并且由于委员们的身份，他们对上、对下的协商也是充分的，不妨说这个民主是立体的。如果你理解我的“立体的民主”有困难的话，会后我们再交流一下。

中国的互联网是开放的

《人民日报》记者：我想请问您对“谷歌事件”的看法，因为它本来是一个商业公司的商业行为，但最近有评论认为，它已经成为一个“外交事件”，您对此怎么看?

赵：关于“谷歌事件”，国内外的媒体大量报道，提出了很多我们原来不很清楚的一些背景，也提供了大量的评论，在此，我就没有时间对这些评论再做综合和再评论。

2005 年的时候，我还在国务院新闻办公室，所以我知道一点谷歌进入中国的“前奏曲”，后面我就到政协了。我确切地知道，2005 年，他们来中国考察互联网的市场和投资环境，做得很仔细。一个大的外国企业，无论是哪个行业的，到中国来都要考察投资环境，谷歌特别地对法律环境做了逐字逐句的了解。在 2006 年正式进入中国的时候，他们对这些法律都有郑重的承诺。现在他们说中国的黑客攻击了他们，并影射是中国政府的攻击，这是毫无根据、毫无道理的，因为中国法律也是严禁任何黑客攻击行为的，并对黑客有法律的惩罚。我本人也让黑客黑过屏，丢过东西，对黑客我深恶痛绝。

我在上海工作期间，分管过浦东开发，大量接触外国企业，我知道一个外国企业到中国来是有个适应期的，不仅要适应中国的经济环境，还要适应中国的文化，这是一个过程。任何 IT 产业，它的经营环境都有一个值得注意的方面，就是黑客的存在，这就相当于我们普通人的生活环境当中有病毒、有 H1N1 病毒存在一样，必须要适应它，以谷歌这样高技术的公司，对这些病毒的抵抗似乎是不在话下，没有问题的。达尔文进化论告诉我们，物种的进化首先就要求物种适应环境，没有听说要环境去适应物种的。

有些外国和中国媒体说，如果谷歌真走了，那么百度就“独霸天下”了，一定很高兴。我认为百度未必这样看。王濛在跑道上滑冰，如果没有强劲的对手在旁边，她很难创造新纪录。所以，好的企业需要有对手一块儿跑。

中国民间有个谚语——“好马不吃回头草”，这句话有点“毛病”，如果有好的草为什么放弃？好马要吃好草，所以回头的马是聪明马。

中国民间有个谚语——“好马不

吃回头草”，这句话有点“毛病”，如果有好的草为什么放弃？好马要吃好草，所以回头的马是聪明马。中国的互联网是开放的，中国将继续为外商创造良好的投资环境，保护其合法利益。中国欢迎包括国际互联网企业在内的各国投资者在中国展开业务，也希望外国投资者尊重中国的公众利益、文化传统和法律，承担相应的社会责任。

第一是要把中国自己的事情做好

《中国日报》记者：我想提一个关于国际环境的问题。在哥本哈根会议之后，西方出现了一些新的声音，批评中国在国际社会中不够负责任，请问您怎么判断中国目前的国际形势？在中国国际形象提高的过程中，您认为政协应当发挥什么样的作用？

赵：随着中国改革开放 30 年来的高速发展，中国的确是由世界舞台的边缘走到了世界舞台的中心，中国所发生的事情往往成为世界的事情，而世界的事情也往往成为中国发展的环境，也影响着中国。

因此，中国对于她所应当承担的国际责任，承担得是越来越多了，而国际上对此也有期望。我们承担的国际责任可以从两个角度看，第一，先把中国自己的事情做好。比如说这次克服国际金融危机，如果中国的经济也往下滑，GDP 不这么增长或者后退，那将对国际有什么影响？国际贸易会出现什么样的窘态？这是很明显的。所以第一是要把中国自己的事情做好。

第二，中国在国际关系的处理上要实行独立自主的外交政策，既要维护中国的利益，也要考虑到世界的利益，要履行好联合国常任理事国所应该承担的义务，表达正确的意见，维持世界的正义。比如说维和部队，以前我们是不派一兵一卒的，现在在联合国常任理事国当中，我们是派出维和部队人员最多的，并且在所驻地区做出了杰出贡献，甚至有流血牺牲。

这次哥本哈根会议，中国明确提出，到2020年单位国内生产总值的二氧化碳排放比2005年下降40%～45%，非石化能源占一次能源消费比重达到15%，并没提出其他附带条件，这是我们自己对自己提出的。

相比之下，有一些国家并没有提出自己应当达到的指标。现在有些外国媒体指责中国在哥本哈根会议上的种种不是，这完全不符合实际。

请大家回去读一下新华社的一篇文章——《青山遮不住，毕竟东流去——温家宝总理出席哥本哈根气候变化会议纪实》，这篇文章写得非常好，只是有一个缺点，该点名的没点名，有点客气。

温家宝总理带领的中国代表团表现优秀，经受了很多的艰苦，我们很感谢他们。

（以上节选自发布会文字实录。2010年3月2日，全国政协十一届三次会议新闻发布会在人民大会堂金色大厅举行。本书作者担任新闻发言人）

十

培养国际对话者

——在几所高校对新闻传播专业师生的讲话[①]

新中国成立以来，我国新闻传播教育取得了巨大成就，这突出表现在三个方面：第一，形成了比较完整的新闻传播学科体系。以马克思主义为指导的新闻传播史论研究日趋成熟，以采写编评、媒介经济为主体的新闻和媒体业务研究渐成体系，传播学、公共关系、广告等新兴学科取得了长足进步；西方经典理论的引渡、译介和比较亦成果颇丰。第二，培养、造就了一大批优秀的新闻工作者，他们积极参与了中国经济、社会的发展，见证、推动了时代变迁。第三，科学研究与社会服务能力不断增强，理论与实践结合的各项成果令人瞩目。

但是，由于中国社会发展、世界多极化和经济全球化趋势的迅猛变化的现实，新闻传播教育相应的改革和创新势在必行。其目的是，要培养更加适应时代的政治信念坚定、专业基础深厚、业务能力突出的新一代新闻传播工作者。这其中一个重要任务是：更加有效地培养他们的与

① 2007 年，笔者在中国人民大学、清华大学等高校与新闻传播专业师生就学科教育相关问题进行了交流。

社会对话的能力。开展"对话教育"的研究，培养出具有较强对话能力的毕业生，应该成为新闻教育界与学界高度关心、积极探讨的一个课题。

我们纵观近代中外名记者，无一不具有非凡的对话能力。他们在采访前，充分准备；在采访中，能从容地克服文化差异的障碍，善解人意，把握主动，勇于挖掘，乐意倾听，把对话艺术发挥得淋漓尽致，从而也得到了好的"产品"。

"交流"是人类生活中必不可少的基本活动。而交流的最基本的手段是"对话"。古希腊的哲学家苏格拉底通过与学生们对话来传授他的观点，中国儒学的鼻祖孔子通过与弟子们对话来传播他的思想。若没有交流活动，人类的智慧如何得以激励、传承、积累和发展？对话，在本质上是人与人之间信息的传递、交换的最基本方式，古今如是。虽然，在网络时代，非专业人士也可能偶尔是新闻的发送者，但是，绝不能因此减低了对记者的专业训练，而是应该得到恰恰相反的结论——必须以更新的方法强化对他们基本能力的培训。这正像在运动日趋普及的时代，人人都更会跑步，会有更多的业余运动员能参加比赛，于是，对专业运动员的训练就应该更加严格要求了。

事实上，当代重要的国际交流首先是由人际间，如首脑间、外交官之间、各领域外事参与者之间的对话开始的；而新闻作为"产品"，绝大部分是先由新闻记者与采访对象之间的对话产生，然后再经媒体传播的。但"对话"这项记者的最基本的"生产能力"的内涵研究却一直为人们所忽视，没有登堂入室成为"学问"。"传播"由"Communication"一词而来，但"传播"在新闻学界容易被更多地理解为面向受众的单向的信息流动，减弱了"Communication"本意中双向沟通的含义。实际上个人与个人之间的信息交流是人与人社会关系的直接体现。

新闻教育范畴内的"对话"主要是指记者和被采访者之间的对话；而被采访者中的特殊人群——新闻官和机构发言人，和记者一样都应具有很高的对话水平。简言之，我们新闻传播教育界，在新世纪面临的一个使命就是培养有"专业水准"的对话能力的记者和优秀的发言人，而要培养后者的任务往往被忽略。新闻发布会是引导和影响境内外主流媒体报道的成本最低和最有效的方式。作为新闻发言人要有足够的专业训练，不掌握政策，不知晓实情，不懂交流，不善于对话，就无法取得记者的信任和认同。

建立信任是人与人交往中的第一步。新闻记者的采访，其本质也正是人和人之间的"以人为本"的对话和交流。

在西方，自古希腊始，人们便视对话和修辞为人们参与世界的一种基本能力，发现和捍卫真理的一种基本方式；在东方，中国先秦智者即已重视对话的道德内涵，强调"文质彬彬"、"言而有信"。不言而喻，在对话过程中，应该做到朴实和诚实，从而建立交流中的信任感。建立信任是人与人交往中的第一步。新闻记者的采访，其本质也正是人和人之间的"以人为本"的对话和交流。

从新闻传播学科教学模式的改革看，"对话"观念的导入要求课程体系进行必要的调整，比如加入对话理论专题、跨文化传播专题，同时增设社会学、政治学、管理学等相关基础课程。在教学方式上，以增强学生的沟通、对话能力为主旨，形塑观念，锻炼技能，使学生掌握交流所必需的基本要素和常用手段，增强他们进行言语交流、非言语交流和跨文化交流的综合素养，由此培养学生社会沟通的良好习惯、态度和能力。

近年来，国内外出版的以对话为内容的书籍众多，包括人物间的对话实录、对话体的跨文化比较研究、对“对话时代”的研究等等。也有很多关于演讲艺术的著作，但少见关于对话艺术的著述。其实，记者中有演讲机会的人少，而对话是他们的职业生活。撰写相应的专著，自然是新闻教育界的任务。

十一

阅读与人文精神

——在“城市阅读，阅读城市”世博论坛上的演讲与对话

2010年4月23日，由中共上海市委宣传部、上海市新闻出版局和上海世博会事务协调局共同主办的“城市阅读，阅读城市”世博论坛在上海举行。笔者做了题为“阅读世博，追索时代”的演讲，并主持了题为“阅读与人文精神”的“城市对话”。

阅读世博，追索时代

先讲两个不久前发生的小故事。日本广播协会（NHK）在17年前拍过我的“浦东的一天”，我那时任上海市副市长兼浦东新区管委会主任。这次他们又来报道上海世博会和浦东。他们让我沿浦西江边新修的大堤从西走到东，镜头则从老外滩的建筑群慢慢转向浦东外滩新建筑群。他们问，上海160年前对外国人“开放”过，现在又开放了，两次开放的区别是什么？

我的回答：1843年是在清政府无能情况下的被迫开放，并且还额

外准许了“租界”；今天是在中国的完全主权下的自主开放，外国人必须按照中国的法规行事。主持人回答：“明白了！”

他们又到浦东拍中西合璧的清末民初的旧宅，搜寻历史痕迹。在旧宅的小院子中，我请他们扬起镜头把传统的中式飞檐和两座摩天大楼一并摄入，我的解说是“上下 500 米，前后 100 年”。他们说：“好感动！”

美国作家兼金融家罗伯特·劳伦斯·库恩在黄浦江上采访我，制片人让船就在江心原地转两圈，背景则是两岸的建筑群的反复变换。库恩请我讲租界，讲“文化大革命”时的上海，讲计划经济向市场经济的改革。他说美国人对中国所知甚少，会对我的讲解有兴趣。美国制片人则一遍遍地说，上海太美丽了！

上海 20 年来经济规模扩大了 8 倍，浦东由原来占十分之一到今天占四分之一，相当于当年的两个上海。不仅如此，其经济结构之先进也非当年可比。我们怎样求索未来 20 年上海的英姿？世博会是可以令人深刻思考之地。如果我们用心的话，可以感觉得到世界发展的大趋势，可以给上海、给中国的明天以想象的空间。

我相信一个不会太离谱的“上海梦”和“中国梦”。有些梦，今天看来很离谱，但往往最终会变成现实。最生动的例子，就是 100 年前，上海有一个叫陆士谔的人写了一部小说《新中国》，他梦想 100 年后会在上海浦东举行世博会，今天我们实现了这位陆先生的梦。所以，如果没有想象力，就没有美好的明天。

我梦想，20 年后，上海必可无愧地位列于世界一流经济大城市之林，说到纽约、伦敦、巴黎、东京之时，也得说到上海；20 年后，中国人均国内生产总值应该接近中等发达国家的水平；中国必是能为世界做贡献较多的国家之一。

而中国的文化呢？中国近几百年以来，对世界文化贡献较少，如今，说中国是文化大国，实际上我们是在分享祖先的荣光，这令我们惭愧。文化的一个主要载体是图书，而中国图书版权进出口存在着五六倍的逆差，对欧美则更存在几十倍的逆差。如果中国接纳的世界文化总是大于向世界回馈的文化，那足以让中国感到歉疚。

上海人公认上海精神是“海纳百川、追求卓越、开明睿智、大气谦和”。如果上海精神在上海人心中根植，并得到世代发扬，上海就具有了强大的文化力量，就能更全面地服务全国，贡献于世界。

我们需要有深厚传统文化底蕴、能真切体验现代中国并通晓世界文化的伟大作家。写世界性意义作品的作家需要保持与世界文化的长期交流，以克服“不识庐山真面目”的困境。我们处在一个伟大变革的时代，伟大的时代应当诞生伟大的作品。

写世界性意义作品的作家需要保持与世界文化的长期交流，以克服“不识庐山真面目”的困境。我们处在一个伟大变革的时代，伟大的时代应当诞生伟大的作品。

城市对话：阅读与人文精神

参与嘉宾： 第十一届全国政协外事委员会主任赵启正（主持）

法国建筑师、作家、中国国家大剧院设计师保罗·安德鲁（Paul Adreu）

印度作家、《贫民窟的百万富翁》作者维卡斯·斯瓦卢

普（Vikas Swarup）

江苏省作家协会副主席、《河岸》作者苏童

北京万通实业股份有限公司董事长、《野蛮生长》作者冯仑

赵启正（以下简称“赵”）：诸位好。这次对话的主题是“城市阅读，阅读城市”，这是一个非常宽大的题目，可以容纳我们时代的很多话题。今天我们请到的四位嘉宾，他们的国籍、年龄、职业、阅历，有很大的不同。这种不同，会使今天下午的对话丰富多彩。我们阅读城市，就是由城市的历史、城市的今天以及对城市明天的向往来思考我们需要写什么样的书、读什么样的书。他们四位今天作为一些成功作品的作者，坐在大家的面前；而在座的诸位，既有作家，又有高水平的读者，所以我有理由期望今天下午的对话会非常成功。

我们先有请法国建筑师、作家、中国国家大剧院设计师保罗·安德鲁先生，上海人对他应该是熟悉的，我们浦东机场海鸥展翅的形象就是他设计的。我当时是浦东机场领导小组的成员之一。另外东方艺术中心白玉兰般的美丽的构思也是安德鲁先生的作品。

保罗·安德鲁（以下简称“安”）：今天我们的话题，是有关阅读的。阅读是人们必须去做的一件事。只有这样，才能充分体验文化，了解历史，才能给你带来一些机会真正探索其他的领域。

我在孩提时代其实读得不多。母亲对我很失望，她是教师，希望我多读一点，但除了该读的、必读的之外，我很少读。16 岁时我才开始读诗，此后再没有停止过，这是我生活中特别开心的事情。此外，其他

一些文学形式，我也开始读。我没有办法说清楚一年中会读多少本书，但是我知道我在建筑设计方面所做的一切，在写作过程中所做的一切，都是由于有了充分的精神食粮，包括音乐、绘画、文学给我的灵感。

几位学生问我："我想做建筑师，需要做什么准备?"而我总是反问，你读了些什么？然后他们就很惊讶。道理其实很简单，因为你如果不吃，你怎么长？别以为你从小开始做建筑设计，长大后就自然成设计师了，不可能的，肯定不行。我觉得作家也是，如果不看绘画、不听音乐，不接触其他的艺术形式，你就很难成为一个好的作家。

文学能给你带来什么呢？是想象力？还是冒险？都对。我在读小说的时候，就会想这个主人公 30 年前是什么样子。有一些东西我没有办法仔细描述，但我一定会感觉到跟主人公有某种联系。我们悲哀、开心，可能表达的方式不一样，但人类的情感却是息息相通的。

赵：谢谢安德鲁先生。他讲读书对他的影响，也是用诗一般的语言去描述。我总算明白了为什么看到他的建筑总有读诗般的感觉。现在我们请印度作家维卡斯·斯瓦卢普先生发言，我知道，他不希望人家叫他作家，希望叫他外交家——是写了两本书的外交家。我们现在就听听他关于书的感受。

维卡斯·斯瓦卢普（以下简称"斯"）："阅读与人文精神"这个话题，很有意思。我觉得，文化是一个城市的灵魂，书本则孕育了文化的灵魂。大家如果了解印度，就会知道印度是文明从来没有中断过的为数不多的国家之一；在印度，有世界上最古老的、差不多 3 000 年前写的书。这些书本中包含的知识会传递到下一代，优良传统也因此被传承。

阅读有哪些重要性呢？它不仅仅是心智的追求，同时也是情感和精神的追求。中国有一句古话，大意是说第一次读一本书，就是交到一个新朋友，再读的时候就像是见到了一位老朋友。阅读可以带你进入一个新的世界，让你成为一个崭新的人。马克·吐温曾说过，如果不读好书的话，你是没有优势的，就跟那些不读书的人完全一样。

有一个报告说，美国 25%的人去年一本书也没有读，成年人中 58%在离开学校后再没有读过书。还有一个笑话，老师问一个六年级的学生，他最喜欢的作家是谁，学生说是乔治·华盛顿。老师说，可是他不写书啊。学生说，所以我才喜欢他。但幸运的是，我们看到，在印度，一个潜在的蓬勃向上的读书群体正在形成。最近的一次调查表明读书仍是印度 60%以上的成年人获取信息的主要方式。

不过，在数字技术日新月异的时代背景下，我也看到一些新的趋势：

首先，书本最终是要数字化的。平面、印刷出来的书本，可能还是模拟时代的一个产物，我们不应该按照这种模式继续下去。不少行业专家相信，书本一定会在 20 年之内数字化的。

第二个趋势，就是竞争多元化。出版商真正的竞争对象不再是彼此，而是基于电子平台来呈现内容的广播、电视等多种媒体。

第三个趋势，就是图书版权也会改变，在读者的影响和参与下，写作将会变成一个集体创作过程。所以我觉得，数字阅读将来会有一个革命性的改变。未来的作者、作家和读者，都将变成一个互动的关系，一些书籍，可以因为数据的动态变化而随时进行更新。

赵：谢谢斯瓦卢普先生。尽管印度有很多优秀的作家、科学家，但我们以往彼此接触得不够，这是非常可惜的，也是我们要纠正的。大家都知道中国和印度有很多相似之处，一会儿，听众一定会有很多问题问您。现在有请江苏省作家协会副主席、《河岸》作者苏童先生发言。他是60后，这么年轻，就做了作协副主席，我很羡慕。

苏童（以下简称“苏”）：大家下午好。我想先从关于阅读的个人记忆谈起。回顾起来，我的整个童年时代，读过什么，有童话吗？有文学的滋养吗？其实都是一片空白。那个时代，可以说是一个没有童话的时代，因为那个特殊年代的原因，心中有很多理想主义的东西。我小时候所有对于阅读的想象、期盼，就是能否从书中找到我做一个英雄的渠道。但说实在的，一直很难。记得我小时候识字，是从大字报、标语这些东西开始的，所以我认的字都很奇特，充满了阶级斗争的火药味。后来10岁时，得了一场病，我翻遍了家里所有能阅读的东西，但我恰好又不是生长在知识分子家庭，所以除了父亲喜欢看的《水浒》、《三国演义》之外，并没有别的什么书。那几本书是繁体字，我看不懂。看什么呢，就看糊在我们家墙上防潮用的报纸。这是我阅读生活的开始。

第一次真正感受到书的魅力，是1978年我上高二的时候。那年，改革开放起步，时代已有所不同。苏州的新华书店搞了一个书市，在外面排队的有1万多人。轮到我进去的时候，营业员跟我说，现在没有什么好书了，你是个学生，我给你一本书，你看看要不要。结果扔给我一本厚厚的《高等数学》。当时我很犹豫，因为这不是我想要的书——我只是个中学生，也不喜欢数学。但是我想，既然排了这么长时间，不如索性买下。对我来说，这是一个非常奇特的经历。

我真正的隆重的阅读生活，还是1980年我上了大学以后才开始的。北京师范大学的图书馆里有很多我以前只听说过但没见过的书。我记得很清楚，有一个同学推荐我看《麦田里的守望者》，是我同学跟别人借的，他说，我可以给你看，但明天必须还给我。宿舍晚上要关灯，我就跑到水房里，看了大半夜。这是我真正的青年时期的阅读记忆。

我个人的经历，可能代表了我这一代人的阅读体验和阅读记忆。我一直认为在作者和读者之间，一本书和读者之间有一种看不见的契约，我觉得我们当时的那份契约规定了读者处于一种非常卑微的地位，非常被动、非常虔诚、非常盲从，就像我，没办法买了《高等数学》，回去真的翻了一下。

再说说现在。我们经常说现在是一个信息时代。依我个人感受，生活对我来说，不能再做加法了，要做减法，信息实在太多。我发现我女儿这一代人，跟我们中年人的阅读生活和精神世界出现了一种背道而驰、格格不入的趋势。现在青年人的阅读不是离生活太远，就是离生活太近，比如说，他要么读图，要么读职场小说，要么读很奇异的玄幻、悬疑、穿越[①]。这样的阅读，是我青年时代所没有的。而中年人的阅读，又有另外一种倾向：跟我这一代一起成长的文学青年，中年以后全都抛弃了小说。这里头牵扯到读者与作者之间那张看不见的契约，一些中年人，对这张契约已经产生了充分的怀疑。

赵：谢谢苏童先生。您所讲的，跨越了几个年代，把我们40年代的人、60年代的人及80后都联系起来了，非常有意义。如果人们之间让不同的时代割裂了，那可不能视而不见。现在有请冯仑先生。您也是一位传奇人物，不但主业做得好，副业也像主业一样好。您既是经济学

---

① 穿越：网络小说热门题材的一种。其基本要点是，主人公由于某种原因从原本生活的年代离开，穿越时空到了另一个时代并展开了一系列活动。(参见“百度百科”)

学士，还是中央党校硕士、法学博士。能够把中国社会的问题像讲故事一样讲给大家听。您的《野蛮生长》我昨天看了，耽误了我睡觉，但收获很大。

冯仑（以下简称“冯”）：我们先说说读书，再说说写书。书之于中国人，关系太大。新加坡有一个华人博物馆，馆藏第一部分叫“什么是华人”，这里面其实什么也没讲，就是给了很多照片。你会注意到，所有照片中的华人手里都拿着一本书。讲解员告诉我，这些照片上的人，身份差距非常大，有的很显赫，有的很卑微，但是每个人都认为书是中国人的象征。如果不读书，不拿本书，很难说自己是中国人。

书究竟能帮我们做什么呢？我的体会，书首先可以给你“美容”。这个“美容”，对男人女人都挺重要。就好比厨子烧了一道菜，有人会看见肉，有人会看见女佣的手，也有人会看见盘子，但鲜有人注意盘子上面飘散的香气，也就是“韵味”。当一个人饱饮书香的时候，女人会变得更雍容、优雅，男人会变得更睿智、从容，这就是一种美容效果。一个人不管买多少钱的化妆品，要达到这个效果其实很难，但是你如果不停地读书，你便会拥有持久的人格魅力。

书也会让你的精神变得很年轻。经常碰到一些人，他们岁数不大，但却让人觉得很老旧。一个人的思维空间和时代的关系，很多时候是看他讲的词汇。词汇加上语言，然后分析，最后变成思想。如果一个人经常不阅读，他的词汇就会停顿，他的思想就会停滞。读书实际上变成了一种很重要的当下的思考和生命状态的一个标志。

我做学生的时候，爱看教科书、学术著作，现在则喜欢犄角旮旯的书，比如有些书专门研究拍马屁的历史，研究笑的历史，研究“吃醋”

的典故，这些看着很偏的书，恰好是人类生活中非常有趣的一些体验和观察。

至于写书，我觉得是可遇不可求的。如果要靠写书为生，写不了太好的书。写一本好书，就像谈一场生生死死的恋爱，一辈子不可能太多。写书也像腌白菜，如果把白菜放在缸里，没有经过很长时间，还是白菜。只有时间足够长，拿出来才是泡菜，而只有泡菜大家吃了才有味道。现在由于资讯发达，也有很多人为了赚钱而写书，不停地把白菜沾点咸水就拿出来，所以大家就觉得还是白菜。我搞过研究、做过学术，也在生意场上打拼过，有机会把人生的各个侧面都撕开了看，因此会有一些痛彻心扉的感受。这个时候嬉笑怒骂，就喜欢从生活的背面讲起。一件事情，往往从正面看叫做看见、看清、看明白，难的是从背面看，一件事情如果能从背面看起，看透、看穿、看到底，最后看到正面的一个结论，这大概就叫做智慧。所以我觉得写书是需要有一种腌咸菜的精神，在卤水的缸里不断地浸泡，这个卤水就是我们的生活，特别艰苦的生活。

赵：谢谢冯仑先生。刚才苏童先生和冯仑先生在讲述自己的阅历和感受的时候都提到了 1966—1976 那段年代。在座的外国朋友可能不太明白，那是中国人后来共同批判的年代，是一去不复返的、不可能重复的年代。正因为有那样的经历，邓小平同志才决定解放思想、改革开放。所以说，中国人的认识是有一个艰苦的历程的。

下面还有 35～40 分钟，我先简单地问每一位嘉宾一个问题，然后由嘉宾回答听众提问。安德鲁先生，您是世界著名的建筑家，您的作品《记忆中的群岛》是像诗一样的语言。我们看世界上很多极具争议的建筑，往往最后成为重要的文化遗产，典型的例子如巴黎铁塔，当时是准备拆掉的；又如悉尼的歌剧院，曾争论了20年。您设计的北京国家大剧院也处于争论中，您觉得它需要多少年才能成为公认的文化遗产？

安：其实说不太准，一个有争议的作品到底需要多少年才能被大家都接受。但是有一点是肯定的，在现实的社会中，放进来一些打破现有秩序的东西，人们刚开始不一定很容易接受，而且确实是有很多时候好像不值得这么去折腾。有时可能就是有意识地想激起一些什么东西，或者其他难以言说的原因。艺术的最佳形式都跟欲望有关，但人的欲望有时是说不清楚的。欲望在突然之间迸发出来，就是艺术的创造，比如一个博物馆、一本书。

> **在世界逐渐变成“地球村”的时候，如果想把自己的国家描写清楚的话，一定要用比较的眼光。**

赵：谢谢！维卡斯·斯瓦卢普先生，您在很多国家做过驻外官员，您在南非待过三年，在加拿大待过五年，其他国家也待过，但您从来没有写过那些国家的故事，而只写了印度。我认为，在世界逐渐变成“地球村”的时候，如果想把自己的国家描写清楚的话，一定要用比较的眼光。您一定知道，用梵语研究印度和印度佛教历史的德国语言学家、比较宗教学家麦克斯·缪勒（Max Muller），他说过，“He who knows one knows none.”（只知其一，乃是无知）请您说明一下，外国的经历是如何帮助您写好印度的？

斯：非常感谢。您这个问题很有意思。我是从1986年起，开始参与印度的外交事务。作为外交家，我们必须住在印度以外的国家，而且是长时间的，加起来我在印度以外居住有 11 年之久。在印度有一种说法，在帐篷里长大的青蛙会以为世界就只有帐篷这么大。如果在印度以外看印度，你会有一些优势，会有不同的看法、不同的角度。但更重要的是，你要对印度感觉到关切，才能写这个国家的事情。你不必是印度人，但必须拥有印度人的思维。

赵：斯瓦卢普先生说了很多哲理，哲理是容易跨越国界的，所以您的小说能翻成 46 国的文字。

苏童先生，您在您的作品中成功地刻画了众多的女性形象，几十年前的、当代的，年纪大的、年纪轻的，都写得很好，很细腻。您的《妻妾成群》拍成电影、排成芭蕾舞《大红灯笼高高挂》之后，使原著更加出名。基于此，我想问问小说和电影之间的关系问题。美国好莱坞的制片人跟我聊天说："中国电影的问题是三条：第一，缺少好的剧本，缺少想象力；第二，缺少特技，特技的设备和设计水平不够；第三，你们花的钱太少，美国一部电影如果投入 1 亿美元的话，其中可能 3 000 万用于宣传，而你们可能舍不得花较多的钱去宣传。"那么，您认为小说的丰富和电影的发达之间是什么关系？

苏：把女性写得好，我认为是夸奖和表扬。作为一个作家的风格符号，赵先生说的就是我创作生活中最大的一个惊喜，这在写那些小说的过程中是没预想到的。我一直非常崇拜福楼拜那样的现实主义的写作手法，以一种非常虔诚的"学徒"心态来从事我的写作。我觉得我也应该这样写，至于写得好不好我自己是没有判断的。1989—1992 年之间我有一个系列的关于女性题材的作品，其实就是四部中篇小说，但是我没有想到后来我写的这么多东西，都是对这四部小说的铺陈。对我来说，惊喜之外又有点感慨，我不希望这几部作品湮没我别的作品。

我在中国作家中，属于小说被改成电影概率比较高的作者之一。电影是另外一种传播，比较幸运，我的几部小说都搭上了比较好的导演的车，这其实跟我个人性格有关。我第一次跟张艺谋改编《妻妾成群》的时候，就知道了他的游戏规则，这个游戏规则是我愿意接受的，也是比较欣赏的。就像两个朋友要合作，见个面、吃个饭、握个手，然后我们擦肩而过，他拍他的电影，我写我的小说，这样的君子之交的关系，我非常愿意接受。后来我看了由自己作品改编的电影，我就在想我跟这部电影的关系。我比较喜欢用一个词汇——远房亲戚，远房亲戚的意思是有可能来往很密切，也可能不来往；来往正常，不来往也正常。这是我和电影的真实的一种关系和想法。

赵：会不会感觉对你的小说有背叛呢?

苏：背叛也是可以的。我觉得背叛是一个比较勇敢的创作姿态。我从来不会因为一个导演完全撕裂我的作品而生气。他撕裂得不够好，背叛得不靠谱，我才生气。这是我的一个立场。

赵：冯仑先生，您刚才说写出好的小说是水到渠成、可遇而不可求的，我非常赞同这样的观点，“硬写”是不易成功的。同时，我感觉您的作品富有哲理，对一般人可能是“见怪不怪、其怪自败”的现象，能够有自己的思考。我的老师钱三强先生说，科学家如果“见怪不怪”，就永远没有出头之日，“见怪要怪”，才有创造性。您是怎么养成“见怪”就思考、思考就写出来的习惯的?

冯：这和读书有关。我发现读书多的人愿意自省，也愿意他省，这是很多读书人的一个习惯。我写《野蛮生长》时，正在民营企业做着生意。我觉得人们看民营企业大体有两种视角和姿态：一种是以记者的视角，记者看民营企业就好比看邻居家生孩子，说两句客气话就走了，最多说这个孩子有个胎记，不太好看，但也没觉得对自己生活有什么影响。另外一种就像是外科医生看生孩子，什么都懂，但懒得讲，只是工作。我呢，是在子宫里看生孩子，因为我跟这些孩子是同胞，在一样的生存环境里，我看到了他们的孕育、挣扎，冲出黑暗和成长的过程。从这个角度说，我看到了很多血，也看到了很多肉，看到了光明，也看到了苦痛。痛苦是男人的营养，也是思想的原料。只要你痛苦，你就思考。

80年代我去深圳做体改方案，他们说深圳是文化的沙漠，我在西安长大，我就想，西安经济这么不发达，说西安有文化，深圳没文化？后来我才发现，像陕西这些地方，地域、自然、人脉都相互牵扯，几辈子的痛苦，几代人的纠缠，不能轻易转移和化解，最后沉淀下来就变成了文化和深刻。深圳那个地方，所有的痛苦，晚上一唱歌，一快活，就没了；昨天是仇人，再过两天那人走了，去美国了。这些痛苦，都是片段、浮动的，所以这个地方留不下深刻的思考。我觉得自己写书，大概就像跟民营企业谈一场生死恋爱。这个过程，可能别人不觉得有什么动人之处，而我身在其中，感触颇多。

赵：冯仑先生“语出惊人”。我们在地球上用望远镜观察宇宙，或者在月球上观察地球，从来没想过在子宫里观察婴儿。您的话给大家留下了很深的印象。谢谢您！下面是台下提问时间。

提问：我想问维卡斯先生，您是一个外交官，写作是您的副业，在印度，青年作家是把写作作为一个副业还是作为主业？

斯：印度的图书市场其实并不大，虽然有些新出道的作家可以把书卖得很好，但这不是普遍现象。大部分的作者，只能把写作作为第二职业，他必须找到一个能挣钱的职业，光靠写作是不可能维持生活的。除非你在海外有作品出版，比如在美国、欧洲也出名，那当然是可以的。

提问：维卡斯先生，您走过这么多国家，这次世博会会给上海带来什么样的变化？依据您以前的外交经验给我们谈一谈吧。

斯：大家都说21世纪整个世界变成了一个“地球村”，我相信，上海世博会就是一个“地球村”的典范，各个地方的人都本着友谊、庆祝的精神来到上海。我们是不一样，但我们又都一样，我们都是人类的一部分，都是由人文精神连在一起的。这是世博会的真正主题所在。

提问：请问苏童先生，世博会的主题是“城市，让生活更美好”，但我阅读您的小说有一个体验，就是小说中的一些流亡者沿着河流而上到达城市后，他们会发现城市并不像他们想象中的那么美好。您在《世界两侧》一书中也谈到，您的血脉在乡村，而身体在城市。您是否认为人类能真正走进城市文明？

苏：很多人跟我一样，尽管从小的记忆、生活地点一直在城市，但某一日突然从农村来了一位亲戚来敲你的家门，这就会提醒你，你的身体来自于两个不同的地方：城市和乡村。所谓我这样的在城市长大的孩子，90%以上都有这样的记忆。我没有真正地研究过所谓中国城市文明的兴起，我想知道，如果说有城市文化、城市文明，它跟市民当中的文明，有多大的关系？这个市民文化、市民文明通常又跟我们所说的农村文化、农村文明有多大关系？现在回头想，20世纪七八十年代的中国城市，其实就是农村人住在城市里。他们的文化，几乎是同质的，除了从事的工作有所不同，他们关心、谈论的，日常生活的细节，其实非常一致。但中国毕竟有些不一样的城市，比如说上海。上海的市民文化有渊源，非常成熟，这在中国别的城市是没有的。

提问：请问冯仑先生，有一本书叫《统计数据会撒谎》，里面提到有人有意无意歪曲了一些统计数字，有误导公众的“嫌疑”。作为一个企业管理者，您怎样判断一本书真正意义上的价值？

冯：其实还有一本书跟这个类似，叫《真实的谎言》，专门讲社会调查的一些统计结果。一个数据出来，实际有很多限制条件和它背后的因果关系，但往往该讲的时候就是不讲。像“台湾选举”的民调，你说它真就真，说它是谎言就是谎言，因为数字背后藏着价值取向，很多东西并没有被透露出来。还有一种叫“克林顿式的表达”，克林顿在他和莱温斯基这件事情上有一个表达模式，就是不撒谎，又不告诉你真相。怎么办呢？叫“贪污信息”。所谓“真实的谎言”，大部分都是克林顿式的表达，他告诉了你一点，但是该告诉你的还是不告诉你，但也不叫撒谎。这本书给我们很多启发，让我们来观察社会上那些真真假假的故事。

至于怎么评判一本书的价值，无非是个人的评判、社会的评判。个人的评判，跟心境、文化爱好有很大关系。至于社会评判，就像刚才赵主任讲的，不同历史阶段对同一件事情有很多不同的解读。应该说，没有一个绝对一致的永久的评价。“是非成败转头空”，很多事情都是昨是今非、今是昨非，不要去追求绝对性，应该看到历史长河中有很多相对的地方。

提问：请问安德鲁先生，有些展馆在世博会之后要拆除，但是大家都知道，所有展馆都是智慧的结晶，您觉得这样做，是不是太浪费了？从设计师的角度说，如果您可以主持所有的一切，您希望这些展馆被拆除吗？

安：其实从历史的角度看，每次世博会都有一些建筑是非永久性的。建筑往往是阶段性的存在，比如文艺复兴时代，一些节日期间的东西，用完了就拆了；又比如足球迷建一些很花哨的东西，过后也拆掉；还有一些庙宇，每70年就重建一次。可能不一定已经旧了，但就是拆了或者重建了。所以呢，拆除同样也是一种艺术的表达，一种重新的调整。

你也可以从另外一个角度看，你做的一些事情，可能不具备很长的可持续性，但在目前这个阶段是有用的，是有意义的。一旦这段时间过去了，使命也就完成了，不过拆掉这些建筑还是让人有些惋惜。问题是，如果把所有东西都保留的话，以后还会有建筑空间吗？

赵：安德鲁先生回答得很直率。世博会上一些建筑的命运似乎也符合一些人的命运。昙花一现，使昙花尤显珍贵。对此，大家不要太伤感！

结束之前，我们感谢四位嘉宾。两位中国嘉宾以后我们还有机会见面，两位外国嘉宾，特别是我们的印度嘉宾，以后见面的机会就少一些，但我们希望您常来。中国和印度是并肩前进的兄弟，因为我们都是发展中国家。现在国际媒体对中印的发展做了一些不恰当的比较和评论，认为我们彼此的竞争可能会给对方带来麻烦。我觉得不要这样看，我们的发展空间都很大，我们彼此学习是应该的，但彼此绝不能相互制约。

我们和安德鲁先生很熟悉，法国的文化我们也熟悉，在座的很多人都熟悉巴尔扎克，巴尔扎克的书在中国刊印的数量比全欧洲、美洲加起来的总量还要大。我们有理由相信，建立在文化友好交流基础之上的中法关系会变得越来越好。

谢谢大家！

后记

我非常幸运地受赵启正院长委托和他的几位博士生一起参与了《公共外交与跨文化交流》一书策划、讨论和编辑的整个过程。全书15万字历时三年终于付梓，赵院长字斟句酌，精益求精，几易其稿，令几位博士生和我这样的后学在交流中受益匪浅。

这本书是赵院长近二十年在公共外交领域的所思、所言和所行的提炼，实际上也是中国走向世界、世界进一步了解中国的一些值得留下的片段或者影像。在本书中，赵院长把对外传播理解为公共外交的重要组成部分，拓宽了对外传播研究的视野，提升了对外传播实践的标准，以更好地向世界说明中国。即使书中最短的篇章，背后也存在复杂的语境、重大的主题和纷繁的线索，堪称来自公共外交一线实践的经典历史文本。因此，本书的首要价值是为相关研究和实践提供了历史的素材和案例。

赵院长说自己是“由行而知”地认识到中国开拓公共外交的意义，本书烙下了赵院长鲜明的个人印记，显现了他对公共外交理念的深入思考和在跨文化交流中的生动实践。全书内容主要来自作者的亲身实践和体验，不是简单的文献集成，也不是实践的流水账，因而既可以增益学术思考，也可以提供实践参照。

我经常在课堂上引用书中的观点，比如“塑造国家、传播形象”，“要向外国受众提供苹果，而不是维生素C片”等。作为一名传播学和公共外交领域的青年研究者，我非常愿意把这本书推荐给学界同行、公共外交的实践者和有志于从事公共外交的同学们。

中国人民大学新闻学院传播系主任　胡百精

2011年3月